Research on the
Collection Mode of
Regional Agricultural Products Cold
Chain Logistics under the
Rural Revitalization Strategy

乡村振兴战略下的
区域农产品
冷链物流集货模式研究

姚源果　王力锋　包芸山　周万洋　韦　杨————————著

经济管理出版社
ECONOMY & MANAGEMENT PUBLISHING HOUSE

图书在版编目（CIP）数据

乡村振兴战略下的区域农产品冷链物流集货模式研究 /
姚源果等著. -- 北京：经济管理出版社，2024.

ISBN 978-7-5243-0028-1

Ⅰ．F252.8

中国国家版本馆 CIP 数据核字第 2025UQ0986 号

组稿编辑：曹　靖
责任编辑：郭　飞
责任印制：许　艳
责任校对：王淑卿

出版发行：经济管理出版社
　　　　　（北京市海淀区北蜂窝 8 号中雅大厦 A 座 11 层　　100038）
网　　址：www.E-mp.com.cn
电　　话：（010）51915602
印　　刷：唐山玺诚印务有限公司
经　　销：新华书店
开　　本：720mm×1000mm/16
印　　张：15.5
字　　数：239 千字
版　　次：2025 年 3 月第 1 版　　2025 年 3 月第 1 次印刷
书　　号：ISBN 978-7-5243-0028-1
定　　价：88.00 元

前　言

21 世纪以来，国家层面持续重点关注"三农"和农产品冷链物流领域的问题。民族要复兴，乡村必振兴，农产品冷链物流问题将成为乡村振兴战略背景下乡村建设与"三农"工作重点解决的问题。针对我国农产品冷链物流基础较薄弱、前端集货成本过高、集货不便利、产销信息不对称等问题，本书从乡村振兴战略出发，对区域农产品冷链物流前端集货模式展开一系列研究。

本书首先概述了乡村振兴战略与农产品冷链物流的紧密联系，阐明了冷链物流在促进农产品流通、保障食品安全以及提升农业价值链中的重要作用。其次通过翔实的数据与案例，分析了当前我国区域农产品冷链物流的发展现状、存在问题以及国内外冷链物流发展模式的异同及优缺点，并以广西农产品冷链物流产业数据为例对区域农产品冷链物流发展水平测度与影响因素进行深入研究。

本书创新性地构建了区域农产品冷链物流集货模式，详细研究了冷链物流前端集货的内涵、驱动因素、设施布局、运输路径优化等问题。本书还建立了基于客户（农户或合作社）和集货员满意度的前端集货优化模型，为提高农产品冷链物流效率提供了新的思路。

此外，本书不仅深入剖析了冷链物流集货模式与乡村振兴战略的互动关系，还展望了区域农产品冷链物流集货模式的发展前景，并且提出了创新性的发展思路与建议。

目　录

第1章 绪论

1.1 研究背景与研究意义

1.1.1 研究背景

"十四五"时期，解决好发展不平衡不充分问题的重点难点在"三农"。党的十九届五中全会提出，坚持把解决好"三农"问题作为全党工作重中之重，走中国特色社会主义乡村振兴道路，全面实施乡村振兴战略，强化以工补农、以城带乡，推动形成工农互促、城乡互补、协调发展、共同繁荣的新型工农城乡关系，加快农业农村现代化。在向第二个百年奋斗目标迈进的历史关口，巩固拓展脱贫攻坚成果，全面推进乡村振兴，加快农业农村现代化，是一个关系大局的重大问题。全面推进乡村振兴，重点难点在"三农"，迫切需要补齐农业农村短板弱项，推动城乡协调发展；构建新发展格局，潜力后劲在"三农"，迫切需要扩大农村需求，畅通城乡经济循环；应对国内外各种风险挑战，基础支撑在"三农"，迫切需要稳住农业基本盘，守好"三农"基础。

国家层面持续重点关注"三农"和重点关注农产品冷链物流领域的问

题。自 2004 年以来，每年中央一号文件都关注"三农"的领域，2021 年中央一号文件指出，重点关注农产品冷链物流领域的问题，提出加快实施农产品仓储保鲜冷链物流设施建设工程，推进田头小型仓储保鲜冷链设施、产地低温直销配送中心、国家骨干冷链物流基地建设；《中共中央关于制定国民经济和社会发展第十四个五年规划和二〇三五年远景目标的建议》则提出要加快完善县乡村三级农村物流体系，改造提升农村寄递物流基础设施，深入推进电子商务进农村和农产品出村进城，推动城乡生产与消费有效对接；促进农村居民耐用消费品更新换代，加快实施农产品仓储保鲜冷链物流设施建设工程；推进田头小型仓储保鲜冷链设施、产地低温直销配送中心、国家骨干冷链物流基地建设。

民族要复兴，乡村必振兴。以农产品冷链物流的发展带动农民收入的稳定与提高将成为乡村振兴战略背景下乡村建设与"三农"工作重点解决的问题。针对我国农产品冷链物流基础较薄弱、前端集货成本过高、集货不便利、产销信息不对称等问题，提出基于农产品产量预测和顾客满意度的农产品冷链物流前端集货模式优化研究。通过对现有研究文献的梳理发现：针对我国农产品冷链物流前端集货模式进行优化的研究较少，系统性和前瞻性不足，尤其是利用现代信息技术使用大数据驱动农产品冷链物流前端集货的效率评估与优化迫切需要进一步针对性研究，从而有力推动我国农产品冷链物流与乡村智慧物流提质增效。

1.1.2 研究意义

"十三五"时期，现代农业建设取得重大进展，在乡村振兴实现良好开局的基础上，"十四五"规划提出解决好我国发展不平衡不充分问题的重点难点在"三农"，如何加快完善县乡村三级农村物流体系以及加快实施农产品仓储保鲜冷链物流设施建设工程，从而全面促进农村消费是社会各界关注的重点难题之一。因此，本书涉及的研究问题不仅在管理科学与区域发展战略管理研究领域中极具重要性与前沿性，也在交叉学科领域中兼具学术价值、理论价值和实践价值。

1.1.2.1　社会意义

本书选择农产品冷链物流前端集货系统作为研究对象，基于多学科交叉的视野，对乡村振兴背景下的农产品冷链物流前端集货系统的运行模式与优化机理进行深度研究，对于促进区域冷链物流发展与乡村振兴建设方面具有一定的社会推广意义。

1.1.2.2　理论意义

梳理现有研究的不足发现，亟需从理论层面对农产品冷链物流前端集货系统的理论方法应用进行传承与发展，本书从乡村振兴的视角对农产品冷链物流前端集货系统的模式优化提供方法与工具，对促进管理科学与其他学科的交叉融合有重要理论研究意义。

1.1.2.3　实践意义

契合乡村振兴与农业农村现代化发展的机遇与现实需求，利用数据挖掘与多案例分析技术展开对农产品冷链物流前端集货系统的数据采集与实证分析，为乡村振兴背景下的农产品冷链物流前端集货的模式优化创新提供决策和参考依据，对于区域农村物流发展具有重要实践意义。

1.2　国内外研究现状及述评

1.2.1　国内外研究现状

我国农产品冷链物流存在流通成本过高、物流过程损耗严重等问题（胡建淼，2017），提高农产品冷链"最先一公里"物流效率，降低农产品冷链物流成本等研究正成为我国农产品冷链物流研究的热点。结合本书研究目的，从农产品物流相关理论、农产品冷链物流效率与风险研究、大数据技术在农产品冷链物流研究中的应用、冷链物流中心选址与冷库规划问题研究、农产品冷链物流路径优化以及集货运输六个研究领域对国内外的研究现状进行系统的梳理和深入的分析。

1.2.1.1 农产品物流相关理论研究

国外很早便开始研究农产品物流，已经形成了较为成熟的理论。国外的研究认为，农产品物流对农产品的发展主要体现在两个方面：一是高效的农产品物流能提高农产品供给质量（Clinton 和 Calantone，1996）；二是高效的农产品物流能减少农产品浪费、提升生活水平（Srimanee 和 Routray，2012）。

我国对农产品物流研究起步相对较晚，20 世纪 90 年代国内学者开始关注农产品物流问题。我国学者认为农产品物流的重要性体现在三个方面：一是提高经济效益（王斌和于淑华，2009）；二是提高农业生产经营效率（吴翠娥，2003）；三是促进农业现代化（丁俊发，2004）。

宁泽逵和冯佳（2023）应用扎根理论研究了影响农产品物流利益相关者联盟意向的深层原因及其作用机理，认为联盟的行为态度、主观规范、知觉行为能直接影响农产品物流联盟意向；农产品物流利益相关者联盟的知觉行为控制和联盟的主观规范能通过内外情景直接影响农产品物流联盟意向；农产品物流利益相关者联盟的行为态度、知觉行为控制和主观规范并非独立存在。

综上所述，农产品物流理论研究多集中在农产品物流影响及农产品物流运输、销售等环节，对于分类、集货等前端环节问题的研究还较为笼统，需要进一步对农产品物流前端集货的概念及内涵进行界定，对其影响因素、主要特征等内涵需进一步完善。

1.2.1.2 农产品冷链物流效率与风险研究

关于农产品冷链物流概念，普遍认为是由美国人 John Crowe 最早提出的，农产品冷链物流的效率与风险研究主要集中于冷链物流效率影响因素研究（Narsimhalu 等，2015），冷链物流效率评价指标体系建立（Hu 等，2012），冷链物流风险识别、评价与治理（Kim 等，2016）等方面。

国内学者对农产品冷链物流效率与风险研究集中于通过优化 DEA 模型计算物流效率评价（张宝友等，2008），通过效率测算为区域冷链物流给出对策（王家旭，2015），生鲜冷链物流风险因素识别、监测及预警（杨扬等，2016）。用 DEA（数据包络分析）方法静态评价农产品物流效率，再将确定的投入产出指标纳入 SD（系统动力学）模型中对农产品物流效率系统进行动态仿真和优化（史晓艺，2023）。在碳排放量居高不下的背景下，以限制碳排放为约束条件研究生鲜农产品冷链物流的效率，对生鲜农产品冷链物流效率进行测度（原雅坤等，2020）。还有学者以面板数据为基础对生鲜农产品冷链物流效率进行测试的方法来进行农产品冷链物流效率方面的研究也取得了一定的成果（秦小辉和赵晨曦，2023）。

综上所述，国内外有关农产品冷链物流效率和风险评价的研究在物流效率指标体系构建、风险预警模式构建和计算方法三个方面都有了大量成果，但在评价指标的选取以及模型选取时，需考虑指标之间的相关性所带来的问题，应综合各种数理模型的优势，建立一个更合理的模型。

1.2.1.3　大数据技术在农产品冷链物流中的应用研究

国外学者主要从生鲜农产品冷链模式优化方面入手。Vorst 等（2010）认为应提高保险技术并合理地选址建设生鲜农产品物流中心；Chen（2020）利用云计算技术建立了冷链配送车辆路径优化模型；Najada 和 Mahgoub（2017）通过构建贝叶斯混合模型，用于灵活估计运输风险。

国内学者在理论研究方面，董存梅和陈诗雨（2020）从大数据视角出发，探讨了升级传统农产品冷链物流模式。在实践研究方面，朱清清（2017）充分利用大数据技术等信息技术手段，构建生鲜农产品物流网络；石毅刚（2014）对大数据背景下的农产品流通效率模型进行实证研究，以期打破农产品的地域性；韩佳伟等（2021）通过分析农产品智慧物流的需求，梳理农产品智慧物流发展现状，论证并提出了我国农产品智慧物流的发展目标与重点任务；张建喜等（2022）基于大数据技术，对农产品物流管理系统进行研究，构建了物流管理系统的系统架构，优化了物流管理运行流程，对每一步物流流程可查可控，有效提高农产品的物流效率。

综上所述，国内学者偏向于大数据背景下对农产品冷链物流面临的机遇和挑战的理论研究以及如何有效提升流通效率的实践研究,而国外学者则以提升农业水平为主要目的,研究了大数据在农产品冷链物流各系统管理中可发挥的创新作用,并对路径优化的各类算法有着广泛且深入的研究。

1.2.1.4　冷链物流中心选址与冷库规划研究

国外关于冷链物流中心选址的问题研究较多。Anily 和 Federgruen (1991) 在物流配送中心选址问题上利用了启发式算法,其优势主要是借助模型的灵活性能解决诸多规模较大的物流配送选址问题,极大程度地缩减运送时间,进而提高物流配送效率。在早些时候,Eilon 等 (1971) 就已经用运筹学研究物流配送中心选址是否合理有效的问题。Ozmen 和 Aydogan (2020) 采用了确定标准—线性 BWM (最佳—最差方法) 的三阶段方法来构建物流中心选址的框架;Combes 和 François (2019) 提出了城市物流仓储选址结构的微观经济模型;Pham 等 (2017) 使用一个混合的模糊方法和技术的偏好顺序相似的理想解决方案 (TOPSIS),以克服物流中心选址问题。

冷链配送中心设施选址、冷藏车辆路径安排是冷链物流选址的典型问题 (李康,2018),这些问题的求解已经有了一些经典的算法。改进后的布谷鸟搜索算法能够很好地找到函数的最优解,算法性能较佳,将改进后的布谷鸟搜索算法用于采用精确重心法模型求解冷链物流单配送中心选址的问题上 (田玉玲,2022)。当规模比较大时,传统的算法不再有效或者计算时间大大增加,针对这些模型提出改进后的启发式算法是目前解决这些问题的关键 (徐进澎,2010)。传统物流配送中心选址方法在设计过程中并没有考虑到要将选址问题进行转化,无法获得最优选址结果,为此,有学者构建了一种冷链物流多层级配送中心连续选址模型,采用启发式算法对其进行求解,根据备选策略数量,获取供应分配矩阵,解得最优配送中心地址坐标,依据配送费用总额不断判定与调整所得坐标,实现选址模型的最终构建与求解 (李桂娥,2022)。

综上所述,可以看出国外学者对于选址优化大多偏向于算法改进,且根据社会的实际需求对模型、目标函数进行改进，实现对选址的优化。与国外相比，我国冷链选址问题的研究尚未形成体系，模型研究中平面选址研究居多，网络选址研究较少，这与我国选址基础理论研究相对滞后有一定关系，优化基本选址模型、对算法进行理论创新、结合农产品预测产量将是未来研究的重点。

1.2.1.5 农产品冷链物流路径优化研究

路径优化研究一直以来是国外物流行业研究的热点问题。Nakandala 等（2016）以成本优化的运输决策为目的，利用计算智能方法，构建路径优化模型；Ge 等（2020）构建考虑具有时间窗约束的总成本最小的混合整数优化模型；Suraraksa 和 Shin（2019）以地理信息系统（GIS）为基础，设计生鲜产品运输与配送网络。

我国农产品冷链物流路径优化研究也较丰富。李锋和魏莹（2010）提出易腐货物配送中时变车辆路径问题的仿真模型。赵聪聪（2018）针对生鲜农产品跨地区冷链运输提出多目标生鲜农产品的路径优化方法。李军涛等（2021）针对冷链物流配送系统中总成本较高以及车辆有效利用率低的问题，在考虑拥堵指数的基础上，构建以包含碳排放在内的配送总成本最小化和客户满意度最大化为总目标的多车型路径优化模型，采用自适应遗传模拟退火算法，对带有时间窗的冷链物流路径优化进行了研究。

综上所述，国外学者对于农产品冷链物流路径优化主要是基于算法的优化入手，通过构建数学模型，算出最优的物流路径，同时也开始考虑到运输时间和二氧化碳排放层面。国内学者从定性和定量的角度对农产品冷链物流运输优化进行了研究，涵盖较多研究方向；在模型研究方法上，仍以线性规划模型为主。

1.2.1.6 基于集货运输的研究

（1）集货运输方法研究。

国外关于集货一体的运输优化方面，提出了蚁群算法和禁忌搜索方法（Zhang 等，2014）。在集货运输方面，运用了基于模拟退火（SA）的启发式方法（Hosseini 等，2014）。

国内有关集配货一体的研究方面，运用了三维指数 MIP 模型和 VNSS 算法（张晓楠和范厚明，2015）。在集货运输方面，使用了改进的遗传算法 IGA（彭露和陈淮莉，2020）。在生鲜物流集货路径优化方面，针对生鲜物流集货阶段的特点，建立基于前摄性调度的集货路径优化模型，并设计节约里程禁忌搜索算法对模型进行求解（葛显龙和张雅婷，2020）。

（2）集货模式研究。

国外关于集货模式的研究在供应链发展中体现较多。Tsukaguchi 等（2003）就物流的合理化讨论了以城市圈为对象的物流对策，并提出了一种在地区层面上明确集货活动特性的调查方法。Li 和 Chen（2020）研究制造商在三层供应链中的纵向整合策略，对供应链向前集成进行了讨论。

在国内研究方面，赵迎华（2016）对顺丰速运虎门集散中心的二级中转集货模式进行了研究、优化。张科和戈李（2020）提出了航空工业区域集货与运输模式，以提升航空工业生产物流保障效率及可靠性。

（3）农产品前端集货研究。

目前国内外关于农产品前端集货的研究较少。Jonkman 等（2019）针对农产品食品产业链中的供应链设计问题提出了一种通用的整合模型。Zhao 等（2020）构建了一个综合模型来研究农产品供应链整合对农产品质量和财务绩效的影响。

在国内研究方面，孙上明等（2017）构建了包含从农产品产地到集货中心多车型路径优化的带时间窗的冷链物流路径优化模型。葛显龙和张雅婷（2020）针对小规模农户建立了基于前摄性调度的集货路径优化模型。

综上所述，目前国内外关于集货运输的研究主要集中在集货运输方法、供应链中的集货模式等方面，有关农产品前端集货运输的综合研究较少，近几年随着生鲜冷链研究的发展，农产品前端集货的研究才逐步出现。在农产品滞销问题较严重、运输物流成本太高、运输车辆规划不当等问题背景下，农产品物流前端集货研究需要更多的关注。

1.2.2 研究评述

综上所述，国内外关于农产品冷链物流系统的研究已有较多的成果，成为本书思路与方法的重要来源。总体而言尚需从以下几个方面作进一步研究：

第一，亟待厘清农产品冷链物流前端集货的概念及内涵，明确乡村振兴背景下的农产品冷链物流前端集货模式的内涵，对农产品冷链物流前端集货模式进行要素分析，为乡村振兴政策驱动的农产品冷链物流前端集货模式研究奠定基础。

第二，在乡村振兴战略、农业农村现代化与农业供给侧结构性改革背景下，农产品冷链物流前端集货模式优化研究应用前景广阔，但目前尚缺乏跨学科、多领域的农产品冷链物流前端集货模式研究的理论与方法创新。

第三，已有研究大多从定性的角度和微观层面进行分析，缺少系统的基于区域农产品物流的实证数据证据，制约了实践区域农产品冷链物流系统战略模式与管理机制的创新。

本书将从农产品冷链物流前端集货模式及内涵界定，农产品物流前端集货的驱动要素分析研究、区域农产品冷链物流前端集货模式构建研究、国内外农产品冷链物流对比分析、区域农产品冷链物流发展水平测度、农产品物流前端集货满意度模型研究以及农产品物流前端集货运输优化的促进政策研究六个方面，从农产品冷链物流前端（生产地）发展基础、冷链物流需求和冷链物流空间发展定位着手，识别区域农产品物流前端集货模式的驱动要素，构建适合区域特点的农产品物流前端集货模式，构建区域农产品冷链物流产地冷库规划模型，建立基于客户满意度和配送人员满意度的农产品冷链物流集货优化模型，分析农产品冷链物流集货模式与乡村振兴战略的互动关系。

1.3 主要研究内容

本书围绕农产品冷链物流前端集货模式优化这一核心命题展开研究，基于农产品冷链物流、物流管理及优化、乡村振兴相关理论，根据"理论内涵—市场特征—体系框架—实施优化—政策支持"的一般逻辑，形成"概念特征—影响因素—模式构建—模型优化—促进政策"层层推进的研究主线与逐层迭代的内容体系。

1.3.1 农产品冷链物流前端集货及其模式的内涵界定

分析农产品冷链物流前端集货、农产品冷链物流集货效率等概念及侧重点，明确农产品冷链物流前端集货的内涵、特征。

研究的重点：界定农产品冷链物流前端集货的概念，包括两个层面：第一，农产品从田间地头经产地集货中心向产地预冷中心集聚；第二，农产品从产地预冷中心向产地低温仓储和直销配送中心集中。

1.3.2 农产品冷链物流前端集货的驱动因素

将响应乡村振兴战略融入农产品冷链物流前端集货过程，从农产品冷链物流前端集货的目标、要素及其过程视角系统地分析两者关联，明确农产品冷链物流前端集货的诉求；识别区域农产品冷链物流前端集货模式的驱动要素。

研究的重点：综合考虑农产品资源分布情况、冷链物流需求、冷链物流供给情况，识别区域农产品冷链物流前端集货业务发展的影响因素，包括行业技术因素、经济因素、宏观政策因素、基础设施因素、物流管理因素、社会环境因素和物流主体因素。

研究的难点：明确农产品冷链物流前端集货的动力机制。第一，对农产品冷链物流前端集货现状及集货效率进行调研，明确农产品冷链物流前端集货的系统特性，包括独特性、阶段性、相关性、整体性和风险性等特征。第二，剖析当下国内农产品冷链物流前端集货体系建设的相关促进政策及各省份实践案例，分析农产品冷链物流前端集货体系建设面临的问题及重点难题。

1.3.3 农产品冷链物流前端集货模式构建

调查研究区域农产品生产现状，结合现有农产品冷链流通率及现有冷库和预冷设施的具体情况，设计农产品冷链物流产地预冷中心及冷库建设模型，弥补冷链设施建设短板。在此基础上适应区域农业生产发展需要，以预冷点为中心构建基于数据共享的农产品分类及冷链管控——农产品冷链物流多温集货模式。

1.3.3.1 区域农产品产量预测

根据冷链物流需求受经济、社会发展和环境政策等不确定因素影响的特点，建立 ARIMA 模型预测区域农产品产量。ARIMA 模型是一种用于分析和预测时间序列数据的统计模型，它是由自回归模型和移动平均模型结合而成的。该模型可以被视为一个"过滤器"，它试图将信号与噪声分开，然后将信号外推到未来以获得预测。因此，ARIMA 模型可以用来分析并预测时间序列数据，其表达式如下：

$$\left(1 - \sum_{i=1}^{p} \phi_i L^i\right)(1 - L)^d X_t = \left(1 + \sum_{i=1}^{q} \theta_i L^i\right)\varepsilon_t \tag{1-1}$$

其中，L 表示滞后算子（Lag operator），$d \in Z$，$d>0$；$\phi(L)$ 表示平稳的自回归算子；$\theta(L)$ 表示可逆的移动平均算子。

利用 R 语言分析系统构建 ARIMA 模型对区域农产品产量进行短期的预测分析是可行的。

1.3.3.2 区域农产品冷链物流设施布局优化研究

生鲜农产品"最先一公里"冷链物流设施布局是要确定物流设施的数量、位置以及分配方案。冷库布局是规划冷链物流设施布局优化的重点。

以区域农产品产量数据为基础，分析区域冷链物流市场及冷链物流需求量。在此基础上，综合考虑农产品供应能力指标和冷链物流市场发展潜力指标，构建区域冷库网络布局指标体系，通过构建熵权–TOPSIS模型对区域节点进行定量分析，并筛选出优质方案。从建设冷链物流枢纽、建设区域性农产品冷链物流节点、加快产地冷库及冷链设施建设等多个角度，规划区域冷库布局。

1.3.4 农产品冷链物流前端集货模型构建及实现

结合现有资源状况，建立冷链物流设施布局模型及以成本、质量、效率等为目标、多模式分配（温度、网络）的前端集货网络优化模型，并进行适当的假设、设计合适的算法对农产品冷链物流前端集货优化模型求解，对该模型进行检验，为模型在农产品冷链物流的实际应用提供有效的解决途径。

1.3.4.1 农产品冷链物流前端集货运输模型的研究

（1）前端集货运输路径优化模型的构成与特点。

针对冷链运输现状，本章优化模型主要为解决前端冷链运输集货普遍存在的无序、运输资源浪费的集货流程问题，前端集货的优化方案包含两个阶段：第一阶段是将各个产地（批发市场、农业合作社等）的农产品从冷链物流设施运往集货中心；第二阶段是将集货中心的农产品运送到物流中心。

前端集货有三个关键节点，分别是生鲜农产品的产地、集货中心和物流中心。集货中心多分布在农业区、果业区等地域，其作用是将原来分散的、小批量的、规格质量混杂且不容易进行批量运输和销售的生鲜农产品，经过集货中心处理，如分级、冲洗、分拣、预冷等处理，形成批量运输，从而实现大批量、高效率、低成本和快速的冷链物流运输。根据三者之间的关系，本书分别从生鲜农产品产地至集货中心及从集货中心至物流中心进行路径优化。

（2）前端集货运输路径优化模型的构建。

通过大数据，根据系统接收到的订单对货物进行有序的分类，把订单中的生鲜农产品信息按照收货地址、农产品的种类、农产品的收货时间来实行分类，从而实现对货物的快速装配。把具有相同质性的农产品归为一类，方便后续农产品的集装。

（3）从农产品产地到集货中心的集货路径优化。

针对现阶段集货运输中存在的运输资源严重浪费等问题，结合实际中多种车型混合这一条件，提出以成本为目标的含多车型的集货路径规划模型：一个车场拥有多种车型的车辆，不同车型的车辆分别到各个产地进行集货作业，集货车型和车辆总数可满足集货任务。

（4）从集货中心至物流中心的集货路径优化模型。

以总固定成本、总运输成本、总制冷成本、总腐损成本、时间窗惩罚成本之和最小建立目标函数。

研究的重点：获取采摘量信息、多温需求信息、实时路况信息、设备供给信息和网点容量信息等数据资源，建立农产品冷链物流前端集货运输及网络优化模型。

研究的难点：结合具体案例进行假设，对模型进行求解，并提供可应用于实践的优化方案。

1.3.4.2　农产品冷链物流集货满意度模型研究

以农产品冷链物流集货视角，满意度分为客户（农户）满意度和集货人员满意度。客户满意度通常反映了客户对产品或服务实际体验与其期望之间的对比。在冷链物流集货中，客户满意度受到多重因素的影响，其中集货的时效性是关键因素之一，它决定了客户是否能够按时递交（售出）生鲜农产品。此外，生鲜农产品的腐败率、物流企业的服务态度及收费标准也是客户重点关注的指标。基于客户或集货人员满意度的约束条件，目标函数是使总成本最小，农产品冷链物流集货满意度模型其实就是集货路径优化模型。

1.3.5 农产品冷链物流前端集货运输优化的促进政策

本部分首先分析国内外农产品冷链物流发展的优秀实践经验，并探讨构建农产品冷链物流前端集货发展的政策启示；其次研究提出新形势下应用大数据资源提升农产品冷链物流前端集货效率的产业发展政策体系。

研究的重点：基于国内外优秀发展案例分析，探讨经验启示，从而设计有利于提升农产品冷链物流前端集货的政策体系。

1.4 研究思路和研究方法

本书以农产品冷链物流、耗散结构理论、生态系统理论、协同理论和最优化理论等为支撑，以"概念特征—影响因素—模式构建—模型优化—促进政策"为主线，以乡村振兴、农民增收为目标，从农产品冷链物流可持续发展的视角，针对农产品冷链物流前端集货模式优化进行研究并立足西部地区进行实证分析。

本书研究分为理论研究、模型研究、案例分析与实证研究 4 个核心部分。在研究中，项目组将运用系统集成的理论和方法分析农产品冷链物流前端集货的动力机制并建立相关模型进行决策优化研究。

本书的技术路线如图 1-1 所示。

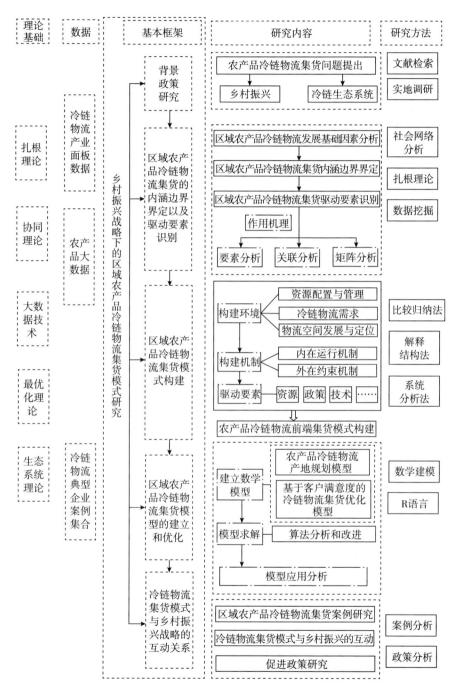

图 1-1　本书的技术路线

第2章 乡村振兴战略与农产品 冷链物流概述

2.1 乡村振兴战略的提出与内涵

2.1.1 乡村振兴战略的提出背景

乡村振兴战略是在我国经济社会发展进入新阶段、面临新挑战的背景下，为推进农业农村现代化、实现乡村全面振兴而提出的重要战略。长期以来，我国农业基础薄弱、农村发展滞后、农民增收困难的问题一直存在，成为制约我国全面建设社会主义现代化国家的瓶颈。随着城市化进程的加速推进，城乡差距进一步拉大，农业、农村、农民问题成为制约我国全面发展的突出问题，是关系国计民生的根本性问题。党的十九大报告指出，我国社会主要矛盾已经转化为人民日益增长的美好生活需要和不平衡不充分的发展之间的矛盾，这一矛盾在农业农村领域表现得尤为突出。

为了解决这些深层次矛盾和问题，党的十九届五中全会提出，坚持把解决好"三农"问题作为全党工作重中之重，走中国特色社会主义乡村振兴道路，全面实施乡村振兴战略，强化以工补农、以城带乡，推动形成工农互促、城乡互补、协调发展、共同繁荣的新型工农城乡关系，加快农业农村现代化。站在两个一百年的历史交汇期，实施乡村振兴战略，对推动农村全面进步、农民全面发展、实现全体人民共同富裕具有重要意义。

2.1.2 乡村振兴战略的核心内涵

乡村振兴战略作为我国发展的重要战略之一，其核心内涵包括产业兴旺、生态宜居、乡风文明、治理有效和生活富裕五个方面，这五个方面共同构成了乡村振兴的完整体系。

产业兴旺是乡村振兴的物质基础。农业、农村、农民问题是关系国计民生的根本性问题，只有实现产业的兴旺发展，才能为乡村提供持续的经济支撑。没有产业的支撑，乡村振兴就是无源之水、无本之木。在实施乡村振兴战略的过程中，必须坚持以农业供给侧结构性改革为主线，推动农村产业融合发展。通过培育新型农业经营主体和服务主体，加强农业科技创新和成果转化应用，提升农产品品质和竞争力，打造现代农业产业链和价值链，促进农业增效、农民增收。同时，要大力发展乡村特色产业和乡村旅游等新兴产业，为乡村经济发展注入新的活力，注重发挥农村的资源优势、生态优势和后发优势，打造具有地域特色和竞争力的乡村产业体系。

生态宜居是乡村振兴的重要条件。随着人们对美好生活的向往日益增强，生态环境质量已成为影响人们生活质量的重要因素。良好的生态环境是农村最大的优势和宝贵财富，在推进乡村振兴的过程中，必须始终坚持绿色发展理念，加强农村生态环境保护。通过开展农村人居环境整治行动，推进农村生活垃圾分类和资源化利用，改善农村生产生活条件。同时，要加强农村基础设施建设和管理，完善农村生活设施，提升公共服务水平，让农村居民也能享受到良好的生态环境和便利的生活条件，促进农村的可持续发展。

乡风文明是乡村振兴的精神纽带。乡村不仅是人们的居住场所，而且是传承和发展文化的重要载体。推进乡村振兴不仅要注重物质层面的建设，更要重视精神层面的提升。在实施乡村振兴战略的过程中，必须加强乡村文化建设，通过开展丰富多彩的文化活动和文化志愿服务等方式，弘扬中华优秀传统文化和社会主义核心价值观，提高农民群众的思想道德水平和科学文化素质，培育文明乡风、良好家风、淳朴民风，为乡村振兴提供强大的精神动力和文化支撑。同时，要注重培养新型职业农民和乡村人才，为乡村振兴提供强有力的人才支撑。

治理有效是乡村振兴的重要保障。有效的社会治理是实现乡村稳定和发展的基石，加强基层治理体系和治理能力现代化建设，是推动乡村振兴的重要保障。在实施乡村振兴战略的过程中，必须坚持党的领导、村民自治、法治保障和社会协同的原则，完善基层治理机制。通过加强基层党组织建设、推进村民自治实践、深化法治宣传教育等方式，提高基层治理能力和水平，推动形成共建共治共享的现代社会治理格局。同时，要注重发挥德治的作用，通过道德教化来引导农民的行为规范和社会风尚，维护乡村社会的和谐稳定和长治久安。

生活富裕是乡村振兴的根本目的。实施乡村振兴战略的出发点和落脚点是要让农民群众过上更加幸福美好的生活。在实施乡村振兴战略的过程中，必须坚持以人民为中心的发展思想，把促进农民增收作为首要任务。通过深化农村改革、盘活农村资源资产、发展特色产业、加强职业技能培训等方式，拓宽农民增收渠道，促进农民增收致富。同时，要加强农村公共服务体系建设和社会保障制度建设，让农民享受更加公平、更高质量的社会服务保障，提高农民的生活水平和幸福感，激发农民的积极性和创造力，为乡村振兴贡献力量。

2.1.3 乡村振兴战略与农产品冷链物流的关系

乡村振兴战略的实施与冷链物流的发展相互促进、相辅相成，共同推动着农业农村的现代化进程。冷链物流行业的发展壮大有助于乡村振兴，冷链物流贯通一二三产业，是巩固脱贫攻坚成果、有效衔接乡村振兴的重要基础性、战略性、先导性产业。通过完善冷链物流基础设施条件，提高冷链物流效率和服务质量，促进农村经济发展，推动乡村产业升级和转型。

农产品冷链物流是支撑农业规模化产业化发展的重要基础，也是促进农业转型和农民增收的重要手段。农产品冷链物流作为连接田间地头和百姓餐桌的重要环节，对保障食品安全、促进农业产业发展具有重要意义。在乡村振兴战略中，农产品冷链物流被视为推动乡村全面振兴的重要支撑，也是农业产业化高质量发展的突出短板。由于农产品自身的生物性特点，流通过程中的损耗率较高，冷链物流的发展可以有效减少农产品的产后损失和流通浪费，扩大高品质市场供给，满足人民日益增长的美好生活需要。因此，加强农产品冷链物流体系建设成为了实施乡村振兴战略的重要内容之一。随着乡村振兴战略的深入推进，农村经济发展迅速，农产品产量和品种不断增加，对农产品冷链物流的需求也日益增长。一方面，需要完善的农产品冷链物流体系来保障农产品的品质和安全；另一方面，需要通过冷链物流将更多的优质农产品引入城市市场，促进农业增效、农民增收，同时也可以将城市的资源和服务延伸到农村地区，推动城乡经济的互动与发展。

2.2　农产品冷链物流的基本概念

2.2.1　冷链物流及农产品冷链物流的定义

对冷链物流的定义，中国在 2001 年颁布的《物流术语》（GB/T 18354-2001）将其定义为"为保持新鲜食品及冷冻食品等的品质，使其在从生产到消费的过程中，始终处于低温状态的配有专门设备的物流网络"。2006 年颁布的《物流术语》（GB/T 18354-2006）将冷链物流定义为"根据物品特性，为保持物品的品质而采用的从生产到消费的过程中始终处于低温状态的物流网络"。2021 年颁布的《物流术语》（GB/T 18354–2021）重新将冷链物流定义为"根据物品特性，从生产到消费的过程中使物品始终处于保持其品质所需温度环境的物流技术与组织系统"。综上所述，可将冷链物流定义为：以制冷技术为手段，将某些特殊商品（如生鲜食品、药品等）在生产、加工、贮藏、运输、销售等环节中保持低温环境，以保证商品质量、减少损耗、防止污染的一种特殊物流方式。

农产品冷链物流是现代农业物流体系的重要组成部分，对提高农产品市场竞争力、促进农民增收、保障食品安全具有重要意义，是确保农产品新鲜、安全、高效流通的重要保障。随着消费者对食品安全和品质要求的不断提高，农产品冷链物流的发展越来越受到重视。2010 年国家发展和改革委员会颁布的《农产品冷链物流发展规划》中提出了农产品冷链物流的定义："肉、禽、蛋、奶、水产、蔬菜、水果等生鲜农产品从生产地采摘（屠宰或捕捞）后，使这些生鲜产品在加工、贮藏、运输、销售等环节始终在合适的低温环境下，能尽可能地保证农产品质量与安全、减少损耗和防止产品污染的一个特殊供应链系统。"① 这一定义包含了从生产到消费（从田间到餐桌）的全过程，注重各个物流环节之间的衔接，本书对农产品冷链物流的定义倾向于此。

2.2.2 农产品冷链物流的特点

农产品冷链物流是一个综合性的系统工程，涵盖了农产品采摘预冷、低温加工、冷冻贮藏、冷藏运输及配送、冷藏冷冻销售等多个环节。在这些环节中，冷链物流不仅要保证农产品的品质和安全，还要关注物流效率、成本控制和环境保护等方面的问题。

第一，采摘预冷环节。采摘预冷是农产品冷链物流的基础，在农产品采摘环节对农产品进行预冷，能够保持农产品的品质和新鲜度，对冷链物流的质量起到关键性的作用。

---

① 国家发展和改革委员会于 2010 年编制的《农产品冷链物流发展规划》。

第二，低温加工环节。低温加工是冷链物流的重要环节，在加工过程中，需要采取适当的制冷技术，对加工环境温度进行有效控制，确保农产品在加工过程中不失去原有的品质和营养价值。

第三，冷冻贮藏环节。冷冻贮藏是冷链物流中的关键环节，在贮藏过程中，需要采取适当的储存方式和温度控制措施，确保农产品在贮藏期间保持新鲜度和品质，避免农产品腐烂变质，失去农产品价格竞争力。

第四，冷藏运输及配送环节。冷藏运输及配送环节贯穿整个冷链物流过程，衔接冷链物流的各个环节，需要采用专门的冷藏车辆或集装箱等运输工具进行全程冷链运输，确保农产品在运输过程中保持低温环境。同时，需要制定合理的运输路线和时间，确保农产品在最短的时间内送达目的地。

第五，冷藏冷冻销售环节。冷藏冷冻销售是农产品冷链物流的最终环节，在农产品销售过程中，需要保持农产品的低温环境，确保农产品不失去原有的品质和口感。此外，还需要建立完善的销售网络和售后服务体系，为消费者提供优质的购物体验。

相对于普通物品的物流而言，农产品冷链物流具有以下特点：一是时效性要求高，生鲜农产品易腐易损，需要在短时间内完成从生产到消费的整个流通过程；二是技术性强，需要采用先进的低温控制技术和设备，确保农产品在流通过程中保持适宜的温度和湿度；三是成本高，为了保持农产品所需的低温环境，需要投入大量的制冷设备和能源，导致农产品冷链物流的成本较高；四是链条长、环节多，农产品从生产到消费需要经过多个环节和多个主体的参与；五是风险大，由于农产品易腐易损的特点，冷链物流过程中一旦发生问题，很容易造成农产品损失和品质下降。

2.2.3 农产品冷链物流的模式

农产品冷链物流模式主要是指以加工企业为主导、以第三方物流企业为核心，依托批发市场、以大型商超为核心的四种农产品冷链物流模式。

2.2.3.1 以加工企业为主导的农产品冷链物流模式

以加工企业为主导的农产品冷链物流模式是一种在农产品供应链中由

生产加工企业占据主导地位的冷链物流运作方式。该模式强调生产加工企业在冷链物流全过程中的管理、协调与控制作用，以确保农产品在生产、加工、贮藏、运输、销售等各个环节都在规定的低温环境下进行，从而保持农产品的新鲜度和质量。加工企业成为整个冷链物流的管理与控制中心，负责供应链的信息集成、协调与控制。加工企业需要准确地向分销商发出供货指令，向供应商发出需求指令，主导整个供应链。加工企业拥有自营的冷链物流体系，从生产端的原料采购、加工，到销售端的配送、销售，都在同一冷链物流体系下完成，实现农产品的产供销一体化运作。这种模式有助于加工企业直接控制农产品的质量、成本和效率，减少物流环节，降低物流成本，提高物流效率。例如，光明乳业集团就通过建立多个区域物流中心、物流转运中心和专业便利店，形成了自营冷链物流网络，保证了冷链系统的完整性。

2.2.3.2　以第三方物流企业为核心的农产品冷链物流模式

以第三方物流企业为核心的农产品冷链物流模式是一种高效、全程监控的运作机制，旨在确保农产品从生产地到终端消费者的整个物流流程都能得到精确掌控，从而保障农产品的新鲜度和品质。第三方冷链物流企业通过建立跨部门、行业、地域的冷链物流网络，整合物流资源，采用先进的物流管理系统和温控技术，为客户提供农产品采摘、加工、贮藏、运输、销售等各个环节的冷链物流服务，并对冷链过程进行全程监控，确保农产品始终处于适宜的低温环境中。这些企业通常拥有现代化的冷库和配送系统，包括常温库、冷库和冷藏库，以及大吨位的温控汽车，以满足不同农产品的需求，提高产品质量的管理水平。

2.2.3.3　依托批发市场的农产品冷链物流模式

依托批发市场的农产品冷链物流模式是一种基于大型批发市场为枢纽，将农产品的生产、加工、贮藏、运输和销售等环节紧密连接起来的物流模式。该模式依托一定规模的批发市场，由生产者或中间收购商将分散的农产品集中到批发市场，再通过批发商进行分销，最终到达消费者手中。批发市场在农产品冷链物流中起到集散地的作用，实现了农产品从分散到集中，再由集中到分散的流转。批发市场作为农产品冷链物流的枢纽，能够迅速响应市场需求，实现农产品的快速流通。该模式规避了农产品分散经营的问题，实现了规模化与集中化。通过批发市场，农产品可以集中进行加工、贮藏、运输、配送，优化物流流程，减少了中间环节，提高了物流效率，节约了物流成本。

2.2.3.4　以大型商超为核心的农产品冷链物流模式

以大型商超为核心的农产品冷链物流模式是一种将大型商超作为农产品流通和销售的主要渠道，通过冷链物流技术确保农产品从生产到销售全程保持新鲜和质量的物流模式。农产品销量大的大型商超会直接与农产品生产基地合作，建立稳定的合作关系，签订长期采购合同，通过建立自营冷链物流网络进行农产品销售，为消费者提供新鲜、健康、安全的农产品。该模式不仅能够减少流通环节，降低流通成本，而且提高了农产品的市场竞争力，增加了农民的收入，也使商超企业获得了更多的利润。

2.3　冷链物流在农产品流通中的重要性

2.3.1　保障农产品的品质

冷链物流是保障农产品品质的重要环节。随着消费者生活水平的提高，对食品的品质要求也日益增强。农产品在流通过程中容易受到温度、湿度、氧气浓度等环境因素的影响，导致品质下降和腐败。冷链物流通过制冷技术、温控技术等手段以及配套的冷藏设施，为农产品提供适宜的温度和湿度条件，延缓酶的活性、微生物生长和化学反应，从而降低食品腐败率，降低产后损耗，保持农产品的新鲜度和口感，保障农产品品质与安全，确保农产品从田间到餐桌的全程质量可控。此外，冷链物流通过采用先进的包装技术和运输设备，能够最大限度地减少农产品在流通过程中的损耗。例如，使用气调包装技术可以减少农产品的氧化反应，起到保鲜的作用；使用先进的运输设备可以减少农产品在运输过程中的颠簸和碰撞，降低破损率。这些措施不仅减少了农产品的损耗，也保证了农产品在到达消费者手中时仍然保持高品质的状态。

2.3.2 延长农产品的保质期

冷链物流的核心是保持产品在规定的低温环境下进行加工、贮藏、运输和销售。这种低温环境能够显著减弱农产品的呼吸作用，减少物质消耗，并抑制细菌活跃度。农产品在流通过程中，由于环境温度的变化和微生物的作用，容易发生腐败和变质。冷链物流通过全程温度控制，降低农产品的呼吸作用和微生物活性，从而延长农产品的保质期，减少损耗和浪费。以果蔬为例，通过温控将温度控制在适宜的低温状态，可以显著延长果蔬的新鲜度时长。同时，冷链物流在运输过程中湿度控制也极为重要，农产品在采摘后失去了水分来源，适当的湿度可以防止农产品失水过多导致的重量损失、失鲜、营养损失和风味劣变。轻微的干燥、较湿润的环境适合农产品贮藏与运输，但湿度过大也可能引起果蔬的生理病害，需要在全程冷链物流运作过程中控制环境的湿度在合理范畴，延长农产品的保质期。

2.3.3 提高农产品的附加值

冷链物流通过全程温控和湿度控制，确保农产品在运输和贮藏过程中保持优良的品质和口感，使农产品在到达消费者手中时，仍然能够保持新鲜、美味，从而提升了农产品的品质保障和品牌价值。消费者在购买农产品时，往往更倾向于选择品质优良、口感上乘的产品，通过冷链物流保障的农产品更容易获得消费者的青睐，从而提高了农产品的市场竞争力。同时，通过冷链物流，农产品可以实现全程追溯和质量检测，提高产品的安全性和可信度。此外，冷链物流也提供了对农产品的加工、包装、配送等增值服务，增加农产品的附加值。冷链物流的发展，使农产品能够跨越地域限制，拓展更广阔的销售渠道和市场范围。传统的农产品流通模式受到地域、季节等因素的限制，使农产品的销售范围受到限制。冷链物流通过全程温控和快速运输，让农产品能够在短时间内送达消费者手中，从而打破了地域和季节的限制，使农产品能够进入更广阔的市场，满足更多消费者的需求，从而提高农产品的附加值。

2.3.4　促进农业产业升级和可持续发展

传统的农业生产方式往往受到地域、季节等限制，难以实现大规模的批量生产和销售。借助冷链物流体系，可以实现生鲜农产品的批量储备与跨区域调配，使农产品能够更广泛地覆盖市场，满足多样化、个性化的消费需求。同时，冷链物流还有利于实现农产品的择期错季销售，不仅能够缓解供需矛盾，还可以为农户和新型经营主体提供更多的市场销售机会，进一步提升其市场竞争力和产业抗风险能力，推动农业产业向标准化、规模化、品牌化方向发展，提高农业产业的整体效益。此外，冷链物流的发展促进了农业产业链的延伸和整合。在冷链物流的支撑下，农业生产者更加专注于生产环节，提高农产品的产量和品质；物流企业可以通过优化运输和贮藏流程，提高物流效率和服务质量。这种分工合作的方式，使农业产业链的各个环节更加紧密地联系在一起，形成了更加完善的产业链体系。这种产业链的延伸和整合，将进一步推动农业产业的升级和转型，提高农业产业的综合效益和竞争力，促进农业可持续发展。

2.4　乡村振兴战略对农产品冷链物流的影响

2.4.1　乡村振兴战略促进了农产品冷链物流体系的建设和完善

在乡村振兴战略的指导下，各级政府加大了对农村地区的投入和支持力度，推动了农村地区的基础设施建设和公共服务提升。其中，农产品冷链物流体系的建设成为重要的一环。通过加强冷链物流基础设施建设、完善配套服务等方式，农村地区逐步形成了覆盖广泛、高效便捷的农产品冷链物流网络，有效解决了农产品流通"最后一公里"问题，提高了农产品的流通效率和品质保障能力。

农产品冷链物流在乡村振兴战略中扮演着至关重要的角色，连接田间和百姓餐桌，确保新鲜农产品能够及时、有效地从生产地转移到消费地，保障广大人民群众能够吃到安全、新鲜的食品。这种物流方式不仅能够促进农产品的流通和销售，更能为农民带来实实在在的收益，进一步激发农民的生产积极性，形成良性循环。

在乡村振兴战略的推动下，各级政府和相关部门高度重视农产品冷链物流体系的建设工作。通过制定一系列的政策措施和实施方案，明确目标、细化任务、压实责任，确保各项工作有力有序推进。《中共中央　国务院关于做好 2023 年全面推进乡村振兴重点工作的意见》明确提出要加快完善县乡村电子商务和快递物流配送体系，为农产品冷链物流体系的发展指明了方向。例如，通过建立县域集采集配中心等方式，实现农村客货邮的融合发展；大力发展共同配送、即时零售等新模式，推动冷链物流服务网络向乡村下沉。这些举措不仅提高了农产品的流通效率，也降低了物流成本，进一步增强了农产品的市场竞争力。

2.4.2　乡村振兴战略加速了农产品冷链物流技术的创新和应用

农产品冷链物流技术在保障食品安全、提高流通效率方面具有不可替代的作用。随着人们生活水平的提高和消费观念的转变，对新鲜、安全、高品质农产品的需求日益增强，这就要求在农产品的加工、贮藏、运输、销售等各个环节都要有严格的质量控制和温度管理，冷链物流技术正是实现这一目标的重要手段之一。

随着科技的不断进步和应用推广，农产品冷链物流技术也在不断创新和发展。在乡村振兴战略的推动下，各级政府和相关部门加大了对农产品冷链物流技术研发和创新的支持力度。通过投入资金、引进人才、搭建平台等方式，鼓励企业、高校和研究机构开展合作，共同研发和推广先进的冷链物流技术。这些举措有力地促进了冷链物流技术的创新和应用，更多的先进冷链物流技术和设备被引入到农村地区，为乡村产业的发展注入了新的活力。

具体来说，一些新型的冷链物流技术（如智能温度监控、物联网技术应用等）正在逐渐应用到实际生产中。这些技术的应用使农产品的运输和贮藏过程更为可控、可追溯，有效地保障了农产品的品质和安全性。例如，通过安装温度传感器和监控系统，可以实时监测农产品的温度和湿度变化，及时调整运输和贮藏条件，确保产品的新鲜度和营养价值不受损失。同时，物联网技术的应用可以实现信息的实时传输和处理，提高冷链物流的效率，降低运营成本，进一步提升农产品的市场竞争力。除了技术创新外，应用推广也是关键的一环。政府和企业积极合作，通过开展技术培训、示范引领等方式，将先进的冷链物流技术普及到广大农村地区。不仅提高了农民的生产技能和经营水平，也增强了他们对新技术的应用能力和信心。

此外，乡村振兴战略还为农产品冷链物流技术的发展提供了广阔的市场空间和发展机遇。随着乡村产业的不断发展和壮大，对冷链物流服务的需求也日益增长，为冷链物流技术的创新和应用提供了源源不断的动力和需求支撑。

2.4.3　乡村振兴战略推动了农产品冷链物流服务的提升和优化

乡村振兴战略不仅关注冷链物流基础设施的建设和技术应用，还注重提升冷链物流服务水平。各级政府和相关部门积极推动农产品冷链物流服务的市场化和社会化进程，鼓励和支持各类市场主体参与农产品冷链物流服务，形成多元化的服务体系。同时，加强对冷链物流企业的监管和服务，推动冷链物流企业提高服务质量和效率，满足广大农民和消费者的多样化需求。

乡村振兴战略的实施，有力地推动了农产品冷链物流服务的提升和优化。一方面，政府加大了对农村地区的投入和支持力度，推动了农村地区的基础设施建设和公共服务提升，其中包括冷链物流设施的建设和完善。通过建设更多的冷库、冷藏车等设施，以及优化现有的物流网络和服务流程，让农民能够更方便、快捷地将农产品销售出去，同时也为消费者提供了更加新鲜、优质的食材。另一方面，乡村振兴战略注重促进农村一二三产业的融合发展，这种融合发展的模式为农产品冷链物流服务注入了新的活力和动力。随着农业产业的多元化发展，农产品的种类和数量也在不断增加，要求冷链物流服务能够适应更加复杂和多变的市场需求。因此，冷链物流企业需要不断创新和改进服务模式，提供更加个性化、定制化的服务方案，以满足不同客户的需求。

在具体实践中，一些地区通过建立完善的冷链物流体系，实现了农产品的跨季节供应，满足了消费者对于新鲜食材的需求；还有一些地区通过引入先进的冷链技术和管理经验，提高了农产品的流通效率和附加值，带动了当地经济的发展。

2.4.4 乡村振兴战略加强了农产品冷链物流的信息化建设和管理

在信息化时代背景下，信息化建设和管理对提升农产品冷链物流水平具有重要意义。乡村振兴战略的实施推动了农村地区的信息网络建设和发展，为农产品冷链物流的信息化建设提供了有力支撑。通过建设信息化平台、实现信息共享等方式，可以加强农产品生产、流通和消费等环节的衔接与协调，提高冷链物流的智能化和精细化程度，进一步提升农产品的流通效率和质量。

一方面，乡村振兴战略注重完善农产品产地冷藏、冷链物流设施建设，这一举措不仅提升了农产品的贮藏和保鲜能力，而且为冷链物流的信息化建设提供了基础支撑。通过建设现代化的冷藏保鲜设施，可以实现农产品的分级分类贮藏，确保其在运输过程中保持最佳状态。同时，这些设施配备了先进的信息化系统，能够实时监控农产品的温度、湿度等关键指标，为冷链物流的信息化管理提供了数据支持。另一方面，乡村振兴战略注重培育农产品产地流通主体，加强农产品冷链物流信息化建设。这些流通主体具备组织供应、产后处理、冷链流通等综合能力，能够有效地连接生产端和消费端，促进农产品的顺畅流通。在农产品流通过程中引入数字化、智能化技术，推动开展冷藏保鲜设施数字化、智能化建设，提升和完善冷链物流设施功能和服务能力，从而进一步提升产地冷链物流的信息化水平。

在加强农产品冷链物流信息化建设的同时，管理方面也得到了有效提升。一方面，政府和相关部门加强了对冷链物流行业的监管力度，制定了一系列的标准和规范，确保了冷链物流服务的规范化和标准化。另一方面，引入了现代化的管理工具和方法，如物联网、大数据、云计算等技术手段，实现了对冷链物流全过程的实时跟踪和监控，提高了管理的精细化程度。

2.4.5 乡村振兴战略促进了农产品冷链物流产业的融合发展

农产品冷链物流作为连接生产端和消费端的"桥梁"，与乡村产业的振兴紧密相连，共同推动着农业产业的可持续发展。乡村振兴战略强调农业与二三产业的融合发展，这为农产品冷链物流产业的发展提供了新的机遇。在融合发展过程中，农产品冷链物流产业与其他相关产业如电子商务、快递物流等实现了紧密对接和协同发展。这种融合发展模式不仅拓宽了农产品的销售渠道和市场空间，还为冷链物流产业注入了新的活力和动力，推动了整个产业链的升级和转型。

首先，乡村振兴战略的推进为农产品冷链物流产业的发展提供了广阔的市场空间。随着乡村产业不断发展和壮大，农产品的产量和质量都得到了显著提升。为了满足日益增长的消费需求，农产品的流通效率必须得到进一步提高。而冷链物流正是保障农产品在贮藏、运输等环节中品质稳定的重要手段。因此，在乡村振兴的大背景下，农产品冷链物流产业迎来了前所未有的发展机遇。

其次，乡村振兴战略注重促进农村一二三产业的融合发展，这为农产品冷链物流产业的创新发展提供了动力。传统的农业生产方式已经难以适应现代市场的需求，必须通过融合旅游、文化等相关产业，实现农业的多元化发展。在这个过程中，冷链物流的作用不可忽视。一方面，农产品需要通过冷链物流确保品质和价值，以吸引更多的消费者；另一方面，冷链物流还可以结合乡村旅游等元素，打造具有地方特色的农产品品牌，提升农产品的附加值和市场竞争力。

最后，乡村振兴战略的推进促进了社会各界对农产品冷链物流产业的关注和投入。越来越多的企业和社会组织开始涉足这一领域，通过技术创新、模式创新等方式提高物流服务质量和效率水平。这种多元化的参与模式有助于激发市场的活力，推动农产品冷链物流产业的持续健康发展。

第3章 区域农产品冷链物流
现状分析

　　冷链物流行业贯通一二三产业,既是巩固脱贫攻坚成果,也是有效衔接乡村振兴、促进消费升级的重要产业。随着我国农业经济的持续发展,农产品冷链物流作为保障食品安全、提高农产品品质和附加值的重要手段,越来越受到社会的广泛关注。本章将从我国区域农产品冷链物流的现状、区域农产品冷链物流存在的主要问题、国内外冷链物流发展模式的对比、区域农产品冷链物流发展水平的测度等方面进行深入探讨。

3.1　我国农产品冷链物流发展现状

3.1.1　农产品冷链物流市场规模不断扩大

　　近年来,随着国民经济的发展和人们生活水平的提高,人们对农产品质量的要求越来越高,推动了我国农产品冷链物流市场规模持续扩大。同时,生鲜电商、新零售业态的崛起也拉动了冷链物流的大力发展。据统计数据显示,随着社会经济对冷链物流需求的持续增长,我国(除港澳台地区外)农产品冷链物流的市场规模从 2014 年的 1500 亿元增长至

2023 年的 5170 亿元，年平均增长率达 14.87%（见图 3-1），这一增长趋势预计在未来几年内还将持续，并有望进一步提升。

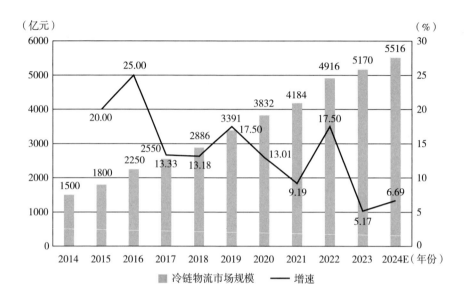

图 3-1　2014~2024 年中国（除港澳台地区外）农产品冷链物流市场规模

注：E 表示估计。

资料来源：中国物流与采购联合会冷链物流专业委员会。

这一增长趋势的形成离不开多方面因素的共同推动。随着经济的稳步增长，人们的钱包越来越鼓，对生活品质的追求也越来越高，特别是在食品安全和健康饮食方面的意识日益增强，使人们对农产品的质量要求达到了前所未有的高度。人们不再仅仅满足于吃饱穿暖，而是开始追求吃得健康、吃得精致。这种消费观念的转变，直接推动了农产品冷链物流市场的蓬勃发展。

农产品冷链物流市场的扩大，不仅体现在市场规模的数字增长上，更体现在其背后的产业链完善和服务质量提升上。为了满足消费者对农产品新鲜度、安全性和可追溯性的高要求，冷链物流企业不断加大技术投入，引进先进的冷藏设备、温度控制系统和信息化管理平台。这些举措不仅提高了农产品的保鲜效果，还大大增强了物流过程的透明度和可追溯性，让消费者买得放心、吃得安心。

另外，市场规模的扩大为农产品冷链物流行业提供了广阔的发展空间，同时也带来了激烈的市场竞争。越来越多的企业看到了这一市场的巨大潜力，纷纷涌入其中，希望分得一杯羹，这无疑加剧了市场竞争的激烈程度，但也在一定程度上推动了行业的创新和进步。为了在竞争中脱颖而出，各家企业不得不加大研发投入，提升服务质量，拓展业务领域，从而形成了良性循环。

综上所述，我国农产品冷链物流市场规模的持续扩大，既是国民经济发展和人们生活水平提高的必然结果，也是行业自身不断创新和进步的具体体现。面对未来的挑战和机遇，农产品冷链物流行业必将迎来更加广阔的发展空间和更加激烈的市场竞争。

3.1.2 农产品冷链物流基础设施不断完善

冷链物流基础设施作为支撑农产品冷链物流顺畅进行的核心要素，近年来在我国得到了显著增强。随着冷库、冷藏车等关键设备的数量与质量大幅提升，我国农产品冷链物流的基石愈发稳固。

据统计，2023 年全国冷链基础设施建设投资约 585.5 亿元，同比增长 8.2%；截至 2023 年底，全国冷库总体积已达 2.28 亿立方米，同比增长 8.3%，其中高标准冷库占比有所提高，约为 62%；果蔬、肉类和水产品产地低温处理率分别为 23%、78% 和 80%，均高于 2022 年水平；冷藏车保有量约 43.2 万辆，同比增长 12.9%，尤其是新能源冷藏车普及和利用力度明显加强[①]。

2023 年 2 月 21 日，农业农村部印发了《农业农村部关于落实党中央国务院 2023 年全面推进乡村振兴重点工作部署的实施意见》（以下简称《意见》），《意见》提出深入实施农产品仓储保鲜冷链物流设施建设工

---

① 资料来源：中国物流与采购联合会冷链物流专业委员会。

程，在重要流通节点建设产地冷链集配中心，推进国家级农产品产地市场建设，加强大型冷藏保鲜、仓储物流等保供公益性基础设施建设。在政策引导和市场需求的双轮驱动下，我国冷库工程新建项目十分火热，2023年，我国多个省份均有冷库新建项目工程。

从冷藏保鲜方面来看，有山东的顺丰农场年冷储10000吨胡萝卜项目、山西的年贮藏果品1000吨恒温果库建设项目、陕西的茂源万吨农产品贮藏冷库建设项目、浙江的农产品冷藏保鲜项目、江西的信丰保鲜仓储项目以及江苏的新建冷藏保鲜库厂房项目等。从冷链物流中心来看，有河南的绿色智慧农产品冷链物流中心项目二期项目、云南的理海建绿色智慧冷链物流中心、安徽的新建智慧冷链物流中心项目等。各地冷链物流园区和配送中心的建设如火如荼，这些举措极大地推动了农产品冷链物流向集约化、专业化的方向迈进。

冷库是整个冷链的核心节点，也是产品运输过程中的关键环节，起到贮藏、转运的功能。根据实际需求，冷库大致分为大型库、中型库、小型库和微型库。在冷链物流行业的蓬勃发展下，尽管我国在冷链物流基础设施方面取得了长足进步，但与发达国家相比，仍存在一定的差距。

从人均角度来看，与发达国家相比，我们在冷库容量和冷藏车数量上仍有待提高。从全球各国人均冷库容量来看，根据国际冷藏仓库协会数据统计，荷兰以0.96立方米/人的人均冷库容量位列第一名，紧随其后的是新西兰0.5立方米/人和美国0.49立方米/人，分别位列第二名和第三名。我国人均冷库容量为0.13立方米/人，在全球各国人均冷库容量中的排名较为靠后，人均冷库容量只占美国的1/4，国内人均冷库容量与发达国家相比还有较大差距，未来国内冷库建设规模仍有较大的成长空间。

从具体设施来看，当前的冷库建设虽已初具规模，但设施更新和地区均衡分布仍需关注。一些地区的冷库设施已显陈旧，亟待升级改造。同时，冷库在地理分布上存在不均衡的问题，部分偏远地区缺乏必要的冷库支持。

2022年，我国冷库容量排名前三的省份为山东、广东和上海，其冷库容量分别为 644.8 万吨、470.4 万吨和 440 万吨，山东的冷库容量处于遥遥领先的地位，而福建、江苏、湖南、四川等第六名至第十五名的冷库容量差距相对较小。从区域分布来看，我国冷库主要集中在华东、华北、华中地区，其中，山东、广东、上海、江苏等省份的冷库容量相对较高，冷链运输网络及体系相对健全，而中部农牧业主产区和西部特色农业地区冷库则较为短缺①。

在冷藏运输方面，冷藏车已成为农产品冷链物流不可或缺的运输工具。但现阶段，冷藏车的数量并不充足，且部分车辆因使用年限过长而出现性能下降的情况。冷藏车的调度与管理体系也需进一步改进和完善，以提高整体物流效率。

3.1.3 冷链物流技术水平与应用逐步提升

随着科技的日新月异，冷链物流技术与应用迎来了显著的进步，如物联网、大数据、云计算等尖端技术已深度融入冷链物流领域，进而实现了对农产品冷链物流全程的实时监控与智能化管理。同时，新能源冷藏车与智能温控技术等创新型冷链设备的不断涌现，显著提升了冷链物流的运输效率及其环保性能。这些技术与应用的迅猛发展为农产品冷链物流行业提供了强大推动力。

近年来，全球农产品冷链物流行业专利申请人数量及专利申请量均呈现增长态势。截至 2021 年，全球农产品冷链物流第一大技术来源于中国，中国农产品冷链物流专利申请量占全球农产品冷链物流专利总申请量的36%。而在中国，广东为当前申请农产品冷链物流专利数量最多的省份，农产品冷链物流专利申请数量累计高达 11666 项。这些数据充分展示了中国在农产品冷链物流技术领域的创新活力和实力。

在技术水平与应用层面，我国农产品冷链物流正展现出持续的突破态势。智能物流系统、追踪监控系统以及温度监测设备等新兴冷链技术正逐

---

① 资料来源：中关村绿色冷链物流产业联盟网站。

步在实际操作中得到广泛应用，这不仅大幅提升了物流效率，更显著增强了农产品的品质与安全性。然而，相较于发达国家，我们在冷链物流技术的研发与应用上仍存在一定的差距，需要进一步加大研发力度。

温度控制技术作为冷链物流的核心技术之一，其重要性不言而喻。当前，先进的温度监测与控制设备已在行业内得到广泛应用，从而确保了农产品在储运过程中的温度稳定性。很多农产品冷链物流企业已经开始采用先进的冷藏技术、温度控制技术，以确保农产品在整个供应链中的质量与安全。这些先进的冷藏技术和温度控制技术使得生鲜农产品能够在最佳的温度条件下储存和运输，从而保证农产品的质量，特别是低温运输车、冷藏车以及生产基地等方面应用十分有效。

信息化技术在提升冷链物流效率方面起着至关重要的作用。目前，行业内的大型物流企业正在积极探索物联网、大数据等技术的应用，以实现农产品冷链物流的智能化管理。现代化的物流管理系统则助力企业更高效地管理货物的运输与仓储，提升了整体的物流效率。但从整体视角来看，信息化水平仍有待进一步提升，特别是在数据共享与信息系统互联互通方面亟待加强。

在农产品保鲜方面，虽然传统的物理、化学和生物方法仍在使用，通过降低温度来抑制细菌和真菌的产生速度以延长保鲜时间，然而，创新的冷冻装置和改良方法已显著降低了冷冻时间并提升了包装材料的性价比。此外，随着移动式冷库等新型设施以及传感器技术、射频识别技术、全球定位系统等信息技术的快速发展，冷链系统的检测、识别、跟踪等功能得到了显著增强，智能化水平也大幅提升。

当前，各种冷链物流技术在我国农产品冷链物流产业链中均得到了深入应用。科技的进步为中国生鲜农产品冷链物流企业带来了前所未有的发展机遇。这些先进技术的应用不仅提升了农产品的品质与安全，也使冷链物流更为高效与可靠。展望未来，随着科技的持续进步，冷链物流技术将迎来更为广阔的发展前景。

3.1.4　对冷链物流的政策支持力度持续加强

政府对于冷链物流的发展高度重视，从政策、法规方面推动物流行业及冷链物流转型升级，不断加大支持力度，政策方面的支持是冷链物流行业发展的重要驱动之一。

21世纪以来，党中央连续21年出台的中央一号文件持续关注"三农"领域，2024年中央一号文件指出，推进农产品加工设施改造提升，支持区域性预冷烘干、贮藏保鲜、鲜切包装等初加工设施建设，发展智能化、清洁化精深加工。政府对冷链物流行业的重视程度不断提高，政策支持力度持续加强，近年来，国家层面更是发布了多项"十四五"冷链物流相关政策以促进产业升级（见表3-1）。

表 3-1　农产品冷链物流行业发展相关促进政策

政策名称	发布部门	发布时间	相关内容
《关于开展首批国家骨干冷链物流基地建设工作的通知》	发展改革委	2020年	以构建国家层面的骨干冷链物流基础设施网络为目标，以整合存量冷链物流资源为主线，重点建设一批国家骨干冷链物流基地
《农业农村部关于加快农产品仓储保鲜冷链设施建设的实施意见》	农业农村部	2020年	截至2020年底，在村镇支持一批新型农业经营主体加强仓储保鲜冷链设施建设，实现鲜活农产品产地仓储保鲜能力明显提升
《中共中央　国务院关于全面推进乡村振兴加快农业农村现代化的意见》	国务院	2021年	加快实施农产品仓储保鲜冷链物流设施建设工程，推进国家骨干冷链物流基地建设
《"十四五"冷链物流发展规划》	国务院办公厅	2021年	布局建设100个左右国家骨干冷链物流基地，建设一批产销冷链集配中心，聚焦产地"最先一公里"和城市"最后一公里"，补齐两端冷链物流设施短板
《关于支持加快农产品供应链体系建设　进一步促进冷链物流发展的通知》	财政部、商务部	2022年	通过2年时间，推动农产品冷链流通基础设施更加完善

续表

政策名称	发布部门	发布时间	相关内容
《关于做好 2022 年国家骨干冷链物流基地建设工作的通知》	发展改革委	2022 年	发布 2022 年国家骨干冷链物流基地建设名单,明确 24 个国家骨干冷链物流基地
《推进铁水联运高质量发展行动方案（2023—2025 年）》	交通运输部等五部门	2023 年	截至 2025 年,长江干线主要港口铁路进港全覆盖,沿海主要港口铁路进港率达到 90% 左右。全国主要港口集装箱铁水联运达到 1400 万标箱。铁水联运高质量发展步入快车道
《关于做好 2023 年农业产业融合发展项目申报工作的通知》	农业农村部	2023 年	2025 年,支持新创建 50 个国家现代农业产业园、40 个优势特色产业集群、200 个农业产业强镇,推动乡村产业布局更优化、链条更完整,示范引领带动乡村产业高质量发展
《关于做好 2023 年国家骨干冷链物流基地建设工作的通知》	发展改革委	2023 年	发布 25 个国家骨干冷链物流基地建设名单。2020 年以来,国家发展改革委已分批将 66 个国家骨干冷链物流基地纳入年度建设名单
《全面推进城市一刻钟便民生活圈建设三年行动计划（2023-2025）》	商务部等13 部门	2023 年	支持发展线上线下融合的即时零售模式,赋能实体门店,拓展服务半径。支持净菜进社区、进超市,发展"中央厨房+冷链+餐饮"模式。提升预制菜产品质量品质

资料来源:根据公开资料整理。

究其原因,一方面,当遇到突发事件时,国内冷链物流产业暴露出较多问题,日益增长的冷链需求与落后的产业发展之间存在矛盾;另一方面,从战略性来看,发展冷链物流是建设现代流通体系、畅通国民经济循环、推动经济高质量发展的内在要求。

政府在政策支持方面采取了多种措施来推动冷链物流行业的发展,这些措施不仅涵盖了政策制定、资金扶持、基础设施建设、技术创新、法规标准与监管以及国际合作与交流等多个方面,而且形成了全方位、多层次的政策支持体系。在政府的大力支持下,我国冷链物流行业将迎来更加广阔的发展前景。

3.1.5　冷链物流行业标准日趋完善

为了规范冷链物流行业的发展秩序和提高行业水平，我国冷链物流行业标准日趋完善。近年来，我国相继发布了《冷链物流分类与基本要求》《食品冷链物流追溯管理要求》等一系列标准文件，对冷链物流的设施、设备、技术、管理等方面进行了明确规定。我国政府及行业相关部门积极推动冷链物流行业标准的制定与完善，以确保冷链物流的高效运作和产品质量。

我国已出台的冷链物流行业标准主要包括以下几个方面：

3.1.5.1　冷链物流分类与基本要求

《GB/T 28577 冷链物流分类与基本要求》规定，冷链物流的温度带被明确分类，包括冷冻、冷藏和保温，分别适用于不同的温度范围，为不同类型商品的冷链物流提供了基本的操作指南，这有助于指导各种商品在冷链物流中的储存和运输条件。

3.1.5.2　冷链物流信息管理要求

根据《GB/T 36088 冷链物流信息管理要求》，冷链物流的信息管理应遵循实时性、准确性、可靠性、完整性和连续性的原则。同时，该标准还对信息的储存、传输与共享提出了具体要求，确保物流信息的透明度和可追溯性。

3.1.5.3　食品冷链物流追溯管理要求

针对食品行业，《GB/T 28843-2012 食品冷链物流追溯管理要求》建立了冷链物流追溯体系，旨在保证食品在整个冷链物流过程中的可追溯性，以增强食品安全管理。

3.1.5.4　易腐食品控温运输技术要求

《GB/T 22918-2008 易腐食品控温运输技术要求》特别针对易腐食品的运输提出了技术要求，包括温度控制和食品分类等方面的规定，以确保易腐食品在运输过程中的品质和安全。

3.1.5.5 其他相关标准

此外，还有一系列与冷链物流相关的国家标准，如《GB 24616-2019 冷藏、冷冻食品物流包装、标志、运输和储存》等，这些标准共同构成了我国冷链物流行业的标准体系。

3.1.5.6 法律法规的完善

在法律法规方面，我国政府不断完善冷链物流相关的法律体系。例如，通过制定和实施《食品安全法》，加强对冷链物流的监管力度，确保冷链物流的安全性和可靠性。同时，政府还加强对冷链物流行业的执法力度，严厉打击违法违规行为，维护了市场秩序和消费者权益。

这些行业标准和法律法规的制定和实施，不仅提升了冷链物流的规范化和标准化水平，也为保障食品安全、提高物流效率和质量提供了重要依据。

3.1.6 冷链物流市场竞争日益激烈

随着冷链物流行业的快速发展，我国冷链物流市场竞争日益激烈。各大物流企业纷纷加大投入力度，提升服务质量和运营效率以抢占市场份额。这一现象的背后，是市场规模的扩大、基础设施完善、技术进步、政策推动和市场需求变化等多重因素共同作用的结果。

从竞争格局来看，我国冷链物流市场正逐渐形成一个多元化的竞争格局。众多物流企业纷纷进军冷链市场，不仅包括传统的大型物流公司，还有许多新兴的冷链物流企业。主要参与者包括传统的大型物流企业如顺丰速运、中通快递等，它们凭借强大的物流网络和资源优势，在冷链物流市场中占据重要地位。此外，还有新兴的冷链物流企业，如京东冷链、阿里冷链等，它们通过技术创新和服务优化，快速崛起并成为市场的重要力量。

冷链物流市场竞争激烈的原因主要有三点：一是技术进步，随着物联网、大数据、云计算等技术的快速发展，冷链物流的智能化、自动化水平显著提高，提升了物流效率，同时也降低了成本，这种技术进步使更多的企业能够进入冷链物流市场，加剧了竞争。二是政策影响，近年来，政府出台了一系列扶持冷链物流发展的政策，如《"十四五"冷链物流发展规划》等，为冷链物流行业的发展提供了有力的政策保障和支持，吸引了更多的资本和企业进入该领域。三是市场需求变化，随着消费者对高品质生鲜产品的需求不断增加，冷链物流的市场需求也在持续增长，这种需求变化使冷链物流市场的潜力被进一步挖掘，吸引了更多的企业参与竞争。

冷链物流市场激烈的竞争对行业产生了深远影响。一方面，它推动了行业的技术创新和服务升级。为了提升竞争力，企业不断加大技术研发投入，推动冷链物流向智能化、自动化方向发展。另一方面，它也迫使企业不断调整竞争策略，以在市场中脱颖而出。在激烈的市场竞争中，企业纷纷采取差异化竞争策略，通过提供特色服务、优化物流网络、降低运营成本等方式来提升市场份额。同时，市场竞争加剧也使消费者能够享受到更加优质、高效的冷链物流服务。消费者对生鲜产品的品质要求不断提高，对冷链物流的时效性、安全性等方面也提出了更高的要求。

以京东冷链为例，京东冷链通过构建完善的冷链物流网络和提供高效的服务，在市场中占据了一定的份额。然而，随着市场竞争加剧，京东冷链也面临着巨大的挑战。为了保持竞争优势，它需要不断进行技术创新和服务升级，同时密切关注市场动态和消费者需求变化。同时，市场竞争也为京东冷链带来了机遇，如拓展新的市场、开发新的客户群体等。

总的来说，我国冷链物流市场竞争日益激烈，这既是行业发展的必然结果，也是推动行业进步的重要动力。在激烈的市场竞争中，冷链物流企业需要不断创新、提升服务质量以满足消费者需求，同时也需要密切关注市场动态和政策变化以应对各种挑战和机遇。

3.1.7 冷链物流行业面临国际化的挑战和机遇

冷链物流作为物流领域的一个重要分支，在我国经济发展中占据了越来越重要的地位。随着我国对外开放程度的不断提高，越来越多的国外冷链物流企业进入中国市场，推动了我国冷链物流行业的国际化发展。在我国对外开放的不断深化和全球经济一体化推进的同时，我国冷链物流行业也正面临着国际化的挑战和机遇。

我国冷链物流行业在国际化进程中面临的首要挑战是技术标准与国际接轨的问题。尽管我国冷链物流技术在不断进步，但与欧美等发达国家相比，仍存在差距。例如，我国在冷链物流中使用的温度监控、追踪系统的智能化程度还有待提高。国际冷链物流市场遵循严格的标准和规范，如HACCP、ISO 等，我国冷链物流企业需要符合这些国际认证，才能在国际市场上获得认可。

其次是国际冷链物流市场竞争激烈。我国企业在国际市场上需要面对来自全球各地的强大竞争对手，这对我国冷链物流企业来说"压力山大"。国际物流巨头如 DHL、UPS 等，拥有庞大的全球网络和品牌优势，而我国刚起步的冷链物流企业需要面对这些已经具备强大品牌影响力和成熟运作模式的竞争对手。

另外，面临复杂的国际法规环境，每个国家的冷链物流法规不尽相同，这增加了企业合规成本和运营风险。部分国家可能设置隐形的贸易壁垒，如特殊的税费、配额限制等，阻碍我国冷链物流企业的国际拓展。

然而，挑战与机遇并存。国际化也为我国冷链物流行业带来了前所未有的机遇。首先，随着我国进出口贸易的增长，国际冷链物流需求不断增加，为我国冷链物流企业提供了更广阔的市场空间。随着全球生鲜电商市场的快速发展，对冷链物流的需求也在持续增长。例如，据公开资料统计，2022 年全球冷链物流市场规模达 2794.8 亿美元，到 2030 年全球冷链物流市场规模预计将增长到 8012.6 亿美元。同时随着全球化的深入，全球供应链的深度融合，越来越多的企业开始寻求全球供应链的优化，这为冷链物流企业提供了更多的国际合作机会。

其次，国际化促进了先进技术和管理经验的引入，使我国冷链物流行业技术与管理得到更多的国际交流机会。在国际化进程中，我国冷链物流企业有更多机会与国际同行进行合作，共享先进技术和管理经验。与此同时，面对国际竞争，我国冷链物流企业将被迫进行更多的技术创新和管理模式创新,最终有助于推动我国冷链物流行业的技术创新和升级。

最后,参与国际竞争可以促使我国冷链物流企业提高自身的服务质量和效率,进而提升整个行业的国际竞争力。国际化促使我国冷链物流企业更好地融入全球供应链,实现资源的高效配置和利用。而跨境电商的蓬勃发展对冷链物流提出了更高的要求,也为其带来了更多的发展机遇。例如,海关总署数据显示,2023 年,我国跨境电商进出口总额为 2.38 万亿元,同比增长 15.6%,对冷链物流的需求日益旺盛。

综上所述,我国冷链物流行业在国际化进程中既面临着技术壁垒、市场竞争加剧和法规环境等挑战,也迎来了市场需求增长、技术与管理经验引进以及供应链优化与协同等机遇。只有不断创新和提升服务质量与管理水平,才能更好地应对这些挑战并抓住机遇,推动我国冷链物流行业的持续发展。

3.2 我国区域农产品冷链物流存在的问题

区域农产品冷链物流是指在一个特定区域内,以保持低温环境为核心,涉及农产品从生产、加工、贮藏、运输到销售等各个环节的系统工程。其目的在于保证农产品的质量,减少损耗,并确保农产品在整个供应链中始终保持规定的低温环境。区域农产品冷链物流成为保障食品安全、提高农产品附加值的重要手段,近年来,我国区域农产品冷链物流虽然得到了快速发展,但与发达国家相比,我国区域农产品冷链物流仍存在诸多亟待解决的问题。

3.2.1 农产品冷链物流效率低下

农产品冷链物流需要高度专业化的设施和严格的管理。一方面,我国部分区域农产品冷链物流的基础设施建设滞后,如冷藏车、冷库等设备不足，影响了物流的顺畅性；另一方面，农产品冷链物流的信息化程度较低，信息传递不畅，导致供需不匹配，增加了物流时间和成本。

根据农业农村部最新统计，由于冷链物流设施不完善，我国果蔬、肉类、水产品冷藏运输率分别仅为 15%、57%、69%，而发达国家的冷藏运输率已经达到 80%~90%。这意味着在我国，大量的农产品在运输过程中没有得到适当的冷藏处理。以柑橘类水果为例，农业农村部数据显示，由于冷链物流的不完善，我国每年有 20%~30% 的柑橘在运输和储存过程中损失，这不仅造成资源浪费，还增加了农民和商家的经济损失。

根据中国物流与采购联合会 2023 年的报告，我国农产品的冷链物流损耗率高达 20%~30%，远高于发达国家的平均损耗率 5% 左右。

国家统计局数据显示，截至 2023 年底，我国冷库总容量虽然有所增加，但人均冷库容量仍远低于发达国家水平，仅为 0.13 立方米/人，而美国人均冷库容量为 0.36 立方米/人。

例如，在江西的某脐橙产区，由于缺乏足够的冷藏车，果农们往往需要用普通货车将脐橙运送到附近的冷藏仓库，这一过程可能导致脐橙的新鲜度和品质下降，据当地果农反映，每年因此损失的脐橙约占总产量的10%。再如，在河南某著名的苹果产区，因冷藏车数量有限，苹果在采摘后往往需要在常温下等待运输，这期间苹果的新鲜度和口感都会大打折扣，据当地果农反映，每年因此导致的苹果损耗率高达 15%。

3.2.2　农产品冷链物流成本控制困难

农产品冷链物流的成本控制是一个重要问题。由于农产品的季节性、易腐性等特点，冷链物流需要更高的投入来维持产品质量。冷链物流需要持续的温度控制和特定的运输设备，这导致了其成本相对较高，再加上我国农产品冷链物流的规模效应尚未形成，使得单位农产品的物流成本居高不下。

由于冷链物流需要持续的温度控制和特定的运输设备，根据中国物流与采购联合会的调查数据，我国冷链物流的成本比普通物流高出 30%~

50%，2023 年我国冷链物流成本占农产品总成本的 30%~40%，而发达国家通常控制在 20% 以下。国家发展改革委的数据显示，2023 年我国冷链物流的能源成本比上年上涨了 8%，进一步加剧了成本控制的难度。

高昂的物流成本最终会转嫁到消费者身上，提高农产品的市场价格，从而影响消费者的购买力和农产品的市场竞争力。例如，内蒙古的草原羊肉品质上乘，但由于冷链物流成本高，其在南方市场的价格往往比本地羊肉高出 30%~50%，限制了其市场拓展；在云南的某花卉产区，由于冷链物流成本高，当地的花卉在运送到北方市场时，价格往往比本地花卉高出 50% 以上，这使得当地花卉在北方市场的竞争力大大降低；四川某著名猕猴桃产区的果农反映，由于冷链物流成本高，他们不得不提高猕猴桃的销售价格，这导致了猕猴桃在市场上的竞争力下降，销量大减。

3.2.3　农产品冷链物流服务质量不高

农产品冷链物流的服务质量直接关系到农产品的品质和消费者的满意度，然而，目前我国农产品冷链物流在服务质量和水平上还有待提高。农产品冷链物流需要高度专业化的操作和管理，但目前我国这方面的人才相对匮乏，很多从业人员没有经过专业培训，导致服务质量参差不齐。另外，冷链物流温度控制不精确、运输过程中损耗大、配送时间长等问题屡见不鲜，严重影响了农产品的品质和消费者的购买体验。

根据中国物流与采购联合会的数据，我国冷链物流中的产品损耗率为 10%~15%，远高于发达国家的平均损耗率（通常在 5% 以下）。根据中国消费者协会的调查数据，2023 年我国消费者对冷链物流服务的满意度仅为 65%，远低于其他物流服务。国家质检总局的数据显示，由于冷链物流服务质量不高，我国每年约有 10% 的农产品在运输过程中发生质变。

3.2.4　农产品冷链物流方面法律法规不完善

农产品冷链物流的健康发展离不开完善的法律法规支持。虽然我国政府近年来加大了对冷链物流的扶持力度，但在农产品冷链物流方面的法律法规还不够完善，缺乏对冷链物流的明确规范和标准，存在诸多空白和模糊地带，这导致了市场秩序混乱，难以保障农产品的质量和安全。

据中国食品工业协会的数据显示，由于冷链物流法律法规的不完善，我国每年因食品安全问题导致的经济损失高达数百亿元。根据中国食品安全法的实施报告，2023年因冷链物流环节违规操作导致的食品安全事件比上年增加了5%。国家市场监管总局的数据显示，2023年对冷链物流行业的违规处罚次数比上年增加了10%，显示出行业监管力度的加强但仍然存在问题。

近年来，多次发生的食品安全事件，都与冷链物流环节的监管不力有关。这些事件不仅损害了消费者的健康，也给相关企业和行业带来了巨大的负面影响。

农产品冷链物流方面法律法规的不完善导致市场准入门槛低，市场秩序混乱，难以保障农产品的质量和安全，也影响了冷链物流行业的健康发展。

综上所述，我国区域农产品冷链物流存在的主要问题包括物流效率低下、成本控制困难、服务质量不高以及法律法规不完善等。针对这些问题，政府应继续加大对农产品冷链物流基础设施建设的投入，提高冷藏车、冷库等设备的数量和质量，以满足日益增长的农产品冷链物流需求；冷链物流行业在政府支持下，利用现代信息技术手段，建立农产品冷链物流信息平台，实现信息共享和供需匹配，提高物流效率；冷链物流企业主动通过技术创新和管理优化来降低农产品冷链物流的成本；加强对农产品冷链物流从业人员的培训和管理，提高他们的专业素质和服务意识；建立完善的质量监控体系，确保农产品的品质和安全；政府和行业组织应加快制定和完善农产品冷链物流相关的法律法规和标准体系，明确各方责任和义务，规范市场秩序。

3.3　国内外冷链物流发展模式的对比分析

3.3.1　国内农产品冷链物流主要发展模式

3.3.1.1　以第三方物流企业为核心的农产品冷链物流模式

随着消费者对冷链物流服务的要求不断提高,"专业的事情交由专业的人来做",一些整合了低温运输、冷链配送、冷藏仓储的一体化冷链物流企业应运而生。这些第三方冷链物流企业通过建立跨部门、行业、地域的综合冷链服务网络,主导整个农产品冷链物流,为客户提供采购、低温运输、冷藏仓储、冷链管理、冷链配送、信息支持等综合冷链物流服务,如图 3-2 所示。

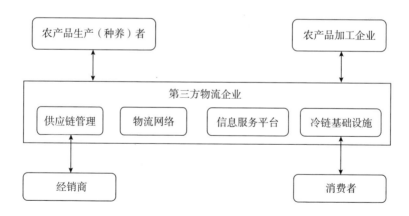

图 3-2　以第三方物流企业为核心的农产品冷链物流模式示意图

3.3.1.2　以加工企业为主导的农产品冷链物流模式

从目前中国农产品冷链物流实践来看,在农产品冷链物流中最容易出现断链的两个环节在两头,一个是农产品采摘后到加工企业之前的环节,另一个是销售环节。通常农产品加工企业为保证农产品品质在低温状态下进行加工，但如果在加工前这一段时间冷链断链造成农产品"原材料"品质不高，就会极大影响农产品冷链物流的后续环节。因此，一些实力强劲的加工企业（例如光明乳业）就自营冷链建设自己的冷链物流网络，主导着整个供应链，对冷链上下游各个环节进行有效的监管，以此来保证整个冷链系统的完整性。这种以加工企业为主导的农产品冷链物流模式如图 3-3 所示。

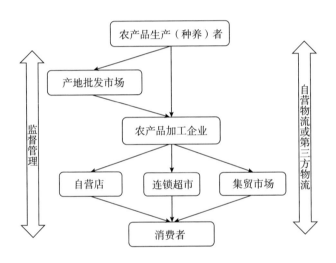

图 3-3 以加工企业为主导的农产品冷链物流模式示意图

3.3.1.3 依托批发市场为核心的农产品冷链物流模式

这种农产品冷链物流模式依托产地或销地批发市场，将农产品批发市场、农产品生产企业（农民）、批发企业、零售企业、运输企业、加工保鲜企业等农产品冷链物流各参与主体或相关利益者紧密联系起来，实行优势互补。该模式以批发市场为中心，依靠现代化的设施设备和先进的物流技术将农产品的流通加工、低温贮藏、冷链运输、冷链配送等功能高度整合在一起，同时通过运输企业将分散各地的生鲜农产品集中起来处理，利用在信息采集上的优势对冷链物流进行统筹管理，减少物流环节，缩短物流时间，降低产品损耗，有效节约物流成本。如图 3-4 所示。

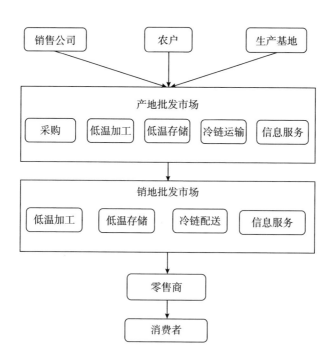

图 3-4 依托批发市场为核心的农产品冷链物流模式示意图

3.3.1.4 以大型商超为核心的农产品冷链物流模式

生鲜农产品从生产采摘最终到销售（或配送到户），常规的流通过程会经历运输、产地批发、加工贮藏、运输、销售地批发等环节。流通的环节越多，冷链断链的概率就越大，同时流通成本也会增大，于是有一些生鲜农产品销量大的大型商超会跨过中间商直接与产地农民或合作社采购或签订长期合同。大型商超可以自己建立冷库、冷链配送等冷链物流网络，也可以将冷链运输和贮藏委托给专业的第三方冷链物流公司。这种模式通常能够节省 20%~30% 的流通成本，在商超企业获得更多利润的同时也使得生鲜农产品的市场竞争力大为提高，间接增加农民的收入。如图 3-5 所示。

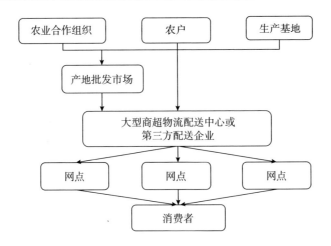

图 3-5 以大型商超为核心的农产品冷链物流模式示意图

3.3.2 国外农产品冷链物流主要发展模式

3.3.2.1 北美模式

北美模式的代表国家有美国、加拿大。这些国家幅员广阔，人口稀少，农产品的生产以高度专业化、机械化和规模化著称，农产品物流以大规模直销和配送为主。在美国，在先进的物流技术和物流理念的基础上建立了一个全面高效的农产品物流体系，主要流通方式是通过超市将农产品送达消费者手中，还有一部分是通过批发市场或者对外贸易进行销售。如图 3-6 所示。

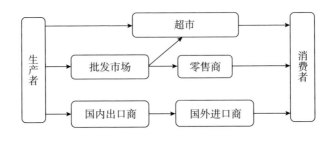

图 3-6 北美模式

在美国和加拿大的农产品物流模式中，市场的主体是农产品生产者和消费者，产品从农产品生产者通过批发商或者直销，将产品配送至超市连锁店、中小商店、餐饮企业等，直接到达消费者，流通环节少、效率高，一体化程度高。

冷链基础设施完善，信息化水平高。美国主要依靠集装箱卡车和火车来完成农产品冷链运输，发达而便捷的公路和铁路运输网络是其冷链物流发达的重要原因。总部位于新泽西州纽瓦克市的普菲斯公司是全球食品温控仓储行业规模较大的公司之一，目前普菲斯公司在美国建造了 27 座冷库。此外，美国非常重视信息技术水平的建设，很多物流企业建立的自动化控制系统，对冷藏车、冷藏仓库的温度进行实时监控，GPS、RFID 技术运用广泛，多种技术设备的运用和人员的高效率组合，确保了运输货物准时、高效、安全地运送。

冷链物流行业分工细致，组织化程度高。为提高农产品冷链物流的效率，美国建有许多专门为农产品交易服务的组织，如装卸运输公司、加工包装和分类配送中心以及银行、邮局等与之密切相关的机构，为农产品冷链物流提供了便捷的服务。还成立了冷链物流行业协会，为物流行业的发展提供了统一的标准，农产品物流组织化程度高；同时，美国的冷链物流行业分工细致、职责明确，如运输方只负责运输，装卸搬运方只负责装卸搬运，从管理学原理角度来看，明确细致的分工促进了各个环节的优化，运作效率高，且容易追查。

3.3.2.2　东亚模式

东亚模式的代表国家是日本、韩国。这些国家国土面积较小，自然资源匮乏，土地规模化和经营程度低，农业生产规模小，面临着"小生产与大市场"之间的矛盾，因此，它们的农产品流通模式以批发市场为核心，能有效解决农业的小规模生产和大市场之间的矛盾。东亚模式如图3-7 所示。

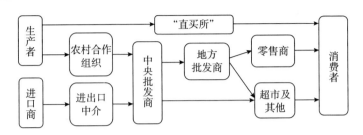

图 3-7　东亚模式

东亚模式最显著的特点是以批发市场作为流通主渠道，这种模式十分注重批发市场的培育和完善。日本各地均有农协组织创建或者政府建立的批发市场，日本大型批发市场功能齐全、实力强大，东京中央批发市场——筑地市场拥有拍卖大厅，批发商店以及冷库，停车、管理服务用房，经营的农产品包括水产、蔬菜和水果，具有产品集散、价格形成、服务、结算和信息功能。

农业合作组织是农产品物流的主要力量。日本是农业合作组织最为发达的国家之一，通过农业合作组织将小而分散的农户集合起来，将农产品集体组织运销供应，这样使得农户不再势单力薄，减少了单独进入市场的风险和交易成本，同时由于运销规模的壮大，成本也得到降低。

仓库自动化水平高，信息技术发达。日本是目前世界上自动化立体仓库应用广泛的国家。日本建造的立体化仓库能实现存取货物的自动化，高程度的自动化节约了大量的人工成本。并且日本通过 RFID、传感器等信息技术建立了农产品冷链物流供应链管理系统，对货物、冷藏运输车辆进行动态监控和跟踪，提高了物流效率。

3.3.2.3　西欧模式

西欧模式是大规模生产和家庭农业相结合，但是大规模生产占主导地位。与东亚模式相比较，西欧模式批发市场流通比例小，而且多数是公益性批发市场；与北美模式相比较，西欧模式生产规模相对较小，西欧国家超市零售业发展迅速，形成连锁集团，一般建立有自己的配送中心。如图 3-8 所示。

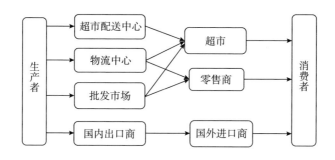

图 3-8 西欧模式

拥有专业的农产品物流中心。农产品物流中心的主要职责是集中、分散、协调各农产品的物流活动。荷兰农产品物流的中心是鹿特丹，还有其他主营农产品不同的物流中心，如经营鱼类和肉类等冷冻食品的埃姆斯哈芬港和经营水产品的埃姆伊敦港，专门经营进出口可可豆的阿姆斯特丹港，以及从事水果批发的弗拉辛港等。

重视标准化生产。西欧国家的农产品流通要求统一的卫生标准、包装规格，要求保证质量安全、讲究信誉。

冷冻贮藏行业发达。欧洲冷链物流起步早，发展较为成熟，目前已经形成较为完善的冷链物流系统，保鲜、冷冻和易腐货物在储存和运输的过程中所需要的制冷和冷冻技术设备以及设备容积量都位于世界前列。荷兰的冷冻行业非常发达，这一行业的公司大都具有现代化的制冷和冷冻设备，且工作效率高，充分保证高质量的农产品的运输、储存和配送服务。

3.3.3 国内外农产品冷链物流发展模式的对比分析

3.3.3.1 国外农产品冷链物流发展模式的优缺点

北美模式的优势在于其生产的规模化和专业化，以及信息技术和冷链技术发达。东亚模式适应了海岛国家的生产和运输特点，保护了分散农户的利益，而且批发市场的建立较为完善。西欧模式中间环节少，在专业化物流中心和标准化生产方面具有很大的优势，而且西欧的冷链系统完善，技术先进，冷链水平位于世界前列。

北美模式的劣势是由于规模巨大造成的粗放式管理和经营。东亚模式需要高度成熟的农业合作组织和批发市场的参与，但农业合作组织和批发市场在其他国家或地区并不一定得到完善的发展，这种模式在生产规模化的情况下便失去了它的优势。

3.3.3.2 国内农产品冷链物流发展模式的优缺点

以第三方物流企业为核心的模式能够减少供应链上其他企业的资金、人员等资源的投入，提高核心竞争力，同时专业的设备和管理也提高了冷链过程的服务水平。以大型商超为核心的模式中信息平台的建立使得交易透明化，信息能够得到及时有效的传播，保证了农产品的质量，同时保障了大型商超生鲜农产品供应的稳定性和持续性。以批发市场为核心的模式是我国目前农产品销售的主要模式，这种模式便于农产品供需、价格、质量等信息的交换和处理。以加工企业为核心的模式环节少，便于冷链物流全程的控制，有利于提高产品附加值。

以第三方物流企业为核心的模式削弱了生产加工企业对于冷链物流的控制。以大型商超为核心的模式的问题在于冷链物流不是大型商超的主营业务，冷链配送中心可能会占用大量资金和人员，影响其他经营项目。以批发市场为核心的模式物流环节较多，冷链物流设备落后，很难实现全程冷链物流。以加工企业为核心的模式增加了加工企业的管理成本和风险。

3.4 区域农产品冷链物流发展水平测度及影响因素分析

随着经济的持续发展和人民生活水平的提高，农产品的冷链物流日益受到关注。冷链物流不仅关乎农产品的品质和安全，更直接影响农业产业链的效率和农民的收益，因此，科学测度区域农产品冷链物流的发展水平，并分析其影响因素，对于优化物流资源配置、提升农产品流通效率、促进区域农产品冷链物流发展具有重要意义。本节以广西农产品冷链物流产业为例，实证分析区域农产品冷链物流发展水平测度及影响因素。

3.4.1　数据来源

借鉴已有文献资料，依据科学性、综合性等原则，在投入系统方面选取固定资产投资、劳动力投入、冷库容量 3 个指标；在产出系统上选取农产品冷链物流产业增加值、农产品冷链物流货运量、农产品冷链物流货物周转量 3 个指标；在环境系统方面选取 R&D 经费支出、路网密度、外贸依赖度、人均互联网接入密度 4 个指标。以投入、产出、环境作为子系统，分别从三个维度建立了指标体系表，将目标指标细分为 10 项。为了更加系统全面地分析投入产出关系，根据以往文献中指标出现的高频性、代表性、可行性等经过筛选后选取各项指标，并构建了详细的指标体系，具体如表 3-2 所示。

表 3-2　农产品冷链物流系统指标体系构建情况

系统类别	指标名称	指标说明	指标性质
投入系统	固定资产投资	资产投资投入	正向
	劳动力投入	生产劳动力投入	正向
	冷库容量	基础设施投入	正向
产出系统	农产品冷链物流产业增加值	农产品冷链物流产业效应	正向
	农产品冷链物流货运量	运输成果	正向
	农产品冷链物流货物周转量	运输速率	正向
环境系统	R&D 经费支出	科研创新发展水平	正向
	路网密度	公路等运输设施情况	正向
	外贸依赖度	对外开放经济水平	正向
	人均互联网接入密度	数字信息化情况	正向

所有数据取自 2015～2022 年广西农产品冷链物流产业的相关数据，数据来源于《中国统计年鉴》《广西统计年鉴》《广西壮族自治区国民经济和社会发展统计公报》及中国冷链物流网等。

3.4.2 数据描述与检验

数据检验用于确保数据的准确性、完整性和可靠性，以便在数据分析、决策制定和其他应用中能够信任和使用这些数据。本次检验是为了查找数据的极端异常值是否对后期模型建立有影响，是否存在少数极端值会对建模过程产生干预，从而改变整体数据的准确性，影响总体结果的信度和效度。本节运用 SPSS 软件对指标层数据进行分析，结果显示：2015～2022 年，广西农产品冷链物流产业投入、产出和环境各项指标均未出现标准偏差大于平均值的现象，即变异系数（CV）均小于 1，因此，各项指标均不存在极端异常值，表明数据有效且可用于后续建模和数据分析。具体如表 3-3 所示。

表 3-3 指标描述性统计检验表

变量名	样本量	最大值	最小值	平均值	标准差	变异系数（CV）
固定资产投资	8	33.80	14.40	20.688	6.185	0.299
劳动力投入	8	19.05	12.03	16.208	3.248	0.200
冷库容量（吨）	8	941000.00	302000.00	591747.250	253459.131	0.428
广西农产品冷链物流产业总值	8	1098.29	689.28	883.260	146.348	0.166
广西农产品冷链物流货运量	8	319.32	269.47	289.490	20.498	0.071
广西农产品冷链物流货物周转量（万吨）	8	216184.00	149727.00	184483.000	23157.507	0.126
R&D 经费支出（万元）	8	2179354.00	1059124.00	1585560.500	385084.219	0.243
路网密度（千米）	8	172391.00	117993.00	134967.125	20161.409	0.149
外贸依存度	8	66035336.00	31704215.00	45527850.500	12339794.047	0.271

续表

变量名	样本量	最大值	最小值	平均值	标准差	变异系数（CV）
人均互联网接入密度	8	7232.04	3521.63	5547.004	1357.159	0.245

3.4.3　数据标准化和熵值法赋权

3.4.3.1　数据标准化方法

本书采用标准化方法对数据进行无量纲化处理。

如果指标 v_{ij} 为正向指标，处理公式为：

$$x_{ij} = \frac{v_{ij} - \min(v_j)}{\max(v_j) - \min(v_j)} \tag{3-1}$$

如果指标 v_{ij} 为负向指标，处理公式为：

$$x_{ij} = \frac{\max(v_j) - v_{ij}}{\max(v_j) - \min(v_j)} \tag{3-2}$$

其中，v_{ij}（$i=1, 2, 3, \cdots, n$；$j=1, 2, 3, \cdots, m$）表示第 i 个评价对象的第 j 个指标的原始数据，x_{ij} 表示标准化之后的无量纲值。

3.4.3.2　熵值法

熵值法是一种客观赋权法，根据各项指标观测值的大小来确定指标权重。观测值的差异越大，该值的权重也就越高；观测值的差异越小，该值的权重就越低。该方法是为了公正客观地依据数据差异性计算指标权重，避免人为因素所带来的偏差。熵值法具体计算步骤如下：

第一，选取第 i 年的第 j 个指标，v_{ij} 为第 i 年的第 j 个指标的数值。对指标进行归一化处理，其中，X_{ij} 表示第 i 年的第 j 个指标的标准化值（$i=1, 2, 3, 4, \cdots, m$）。

第二，计算第 j 项指标下第 i 个观测指标的比重，计算各指标的贡献率：

$$P_{ij} = \frac{X_{ij}}{\sum_{i=1}^{n} X_{ij}} \tag{3-3}$$

第三，计算第 j 项指标的熵值：

$$D_j = \frac{1}{\ln n} \sum_{i=1}^{n} P_{ij} \ln P_{ij} \qquad (3-4)$$

第四，计算指标熵冗余度：

$$G_j = 1 - D_j \qquad (3-5)$$

第五，计算各项指标的权重结果：

$$w_j = \frac{G_j}{\sum_{j=1}^{m} G_j} \qquad (3-6)$$

3.4.3.3 指标赋权

对广西 2015~2022 年的数据先进行无量纲化处理，再采用熵值法对三个系统分别进行赋权，得到表 3-4。

表 3-4 指标赋权表

系统类别	指标名称	信息熵值 e	信息效用值 d	权重（%）
投入系统	固定资产投资	0.783	0.217	37.590
	劳动力投入	0.819	0.181	31.277
	冷库容量	0.820	0.180	31.134
产出系统	农产品冷链物流产业增加值	0.858	0.142	28.781
	农产品冷链物流货运量	0.768	0.232	47.069
	农产品冷链物流货物周转量	0.881	0.119	24.150
环境系统	R&D 经费支出	0.862	0.138	18.752
	路网密度	0.727	0.273	37.009
	外贸依赖度	0.800	0.200	27.057
	人均互联网接入密度	0.873	0.127	17.182

3.4.4 总体测度结果

3.4.4.1 秩和比综合评价法（RSR 分档法）

第一，得出 Q_i 值，将 Q_i 值由小到大排序，列出不同组段的频数 f、

累计频数 $\sum f$，得到各组的秩次 R 和平均秩次 $\overline{\text{R}}$。

第二，计算累计频率 $p = \overline{\text{R}}/m$（以百分比表示），根据百分率与概率单位换算表，查表可得到累计频率对应的概率单位值 Probit。

第三，以概率单位值 Probit 为自变量，Q_i 值为因变量，拟合出回归方程为 $\hat{Q}_i = a+b\times\text{Probit}$。

第四，由回归方程可以明确地观测任何数据的 Probit 值。

第五，根据实际情况和需求确定分档等级，进而对各观测目标进行排序分档。

3.4.4.2　测度

将广西农产品冷链物流发展水平各个指标进行标准化和赋权后，得到了各个年份各个指标赋权后的标准化分值，依照秩和比综合评价法计算分档，向下计算累计频率，接着可得到对应的概率单位值 Probit。由于以概率单位值 Probit 为自变量，Q_i 值为因变量所构建回归方程，所以，可以将 Probit 值按照常用分档数小于 4、4~6、大于 6 划分，以此将所选 8 个样本年份发展水平划分为三档，划分结果如表 3-5 所示。

表 3-5　分档排序临界值表

档次	百分位临界值	Probit	RSR 临界值（拟合值）
第 1 档	<15.866	<4	<0.2559
第 2 档	15.866~	4~	0.2559~
第 3 档	84.134~	6~	0.6574~

根据得出的系统分档等级结果汇总表，对照上述的系统 Probit 分档临界值表，可知各年份的 Probit 值、RSR 排名和分档等级，如表 3-6 所示。

表 3-6　Probit 值分档等级表

年份	RSR 排名	Probit	RSR 拟合值	分档等级
2022	2	6.15034	0.68757	3

续表

年份	RSR 排名	Probit	RSR 拟合值	分档等级
2021	1	6.86273	0.83058	3
2020	3	5.67448	0.59203	2
2019	4	5.31863	0.52059	2
2018	5	5.00000	0.45662	2
2017	6	4.68136	0.39265	2
2016	7	4.32551	0.32122	2
2015	8	3.84965	0.22568	1

结合各年份情况，对分档结果进行分析，可知：

第一，2021 年、2022 年为第三档，其中 2021 年的 Probit 值及 RSR 值相对而言最高，2022 年排第二；2020 年、2019 年、2018 年、2017 年、2016 年为第二档，其中 2020 年的 Probit 值相对而言较高，说明在第二档的年份中，2020 年在各方面做得相对较好。对于第二档，Probit 值相对而言属于中等偏上，发展前景非常可观，2015 年属于第一档，根据三档等级划分情况，2015 年的分档等级排名较后，说明在 2016 年及以后，政府等相关部门花费了很多的时间和能力去发展该方面的产业建设，切实做到了制度建设贯穿其中。

第二，第三档的年份在财政支持下物流冷链成效显著，本质是统筹整合各类财政资金，合理运用改善各项产业，用于支持基础设施建设，加强带动社会资本投入建设。近年来，在国家实行重视冷链物流产业发展的政策下，广西没有放弃自身原本拥有的优势，安于现状，而是借助自身优势和国家政策，兼顾发展，带头扭转农产品冷链物流产业的发展趋缓的势头。

第三，由表 3-6 可以看出，2015 年及以前区内的农产品冷链物流产业整体发展状况不甚乐观，广西加快转变传统思想观念，创新机制体制改革，找出问题所在，并把握住当下的发展机遇，合理利用好各地的人力物力，管理好各项的支出和投资。特别是 2020 年之后，广西农产品冷链物流产业相对而言已经发展到了较高水平，RSR 拟合值基本达到了 0.6 及以上。

3.4.5　影响因素分析

3.4.5.1　投入产出效率分析：DEA-BCC 模型测算

DEA 模型分为 CCR 模型和 BCC 模型两种类别，一般情况下多采用 BBC 模型。

BCC 模型假设 DMU 是处于变动规模报酬情形下，用来衡量纯技术和规模效率，生产可能集的锥性假设有时是不现实或不合理的，因此去掉该项假设。当生产可能集 T 只是满足凸性（加入条件 $\sum \lambda_j = 1$）、无效性和最小性时，便可得到满足规模收益可变的 BCC 模型。

mins. t.

$$
\begin{cases}
[\theta - \varepsilon(e^T s^- + e^T s^+)] \\
\sum X_j \lambda_j + s^- = \theta X_0 \\
\sum Y_j \lambda_j - s^+ = Y_0 \\
\sum \lambda_j = 1 \\
\lambda_j \geqslant 0, \; s^+ \geqslant 0, \; s^- \geqslant 0; \; j = 1, \, 2, \, \cdots, \, n
\end{cases}
\tag{3-7}
$$

这种模型评价 DMU 的技术有效性。其对偶形式为：

maxs. t.

$$
\begin{cases}
(\mu^T Y_0 - \mu_0) \\
mu^T Y_j - \omega^T X_j - \mu_0 \leqslant 0 \\
\omega^T X_0 = 1 \\
\omega \geqslant \varepsilon, \; \mu \geqslant \varepsilon, \; \mu_0, \; isfree
\end{cases}
\tag{3-8}
$$

其中，u_0 表示规模收益指示量。若 u_0^* 为上式的最优值，则：

①$u_0^* < 0$，规模收益递增。②$u_0^* = 0$，规模收益不变。③$u_0^* > 0$，规模收益递减。

设定产业规模效率可变，利用 DEA 中的投入导向模型 BCC 来计算投入目标值和松弛变量值，可得到广西农产品冷链物流产业综合技术效率（Technical Efficiency，TE）、纯技术效率（Pure Technical Efficiency，PTE）和规模效率（Scale Efficiency，SE）值，计算结果如图 3-9 所示。

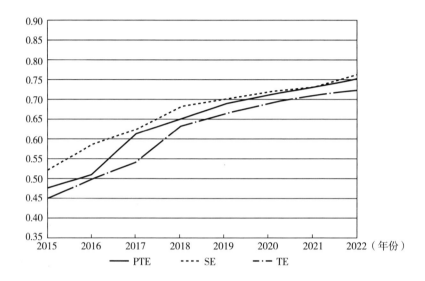

图 3-9　广西农产品冷链物流产业 PTE、SE、TE 趋势变化情况

图 3-9 表明，在 2017 年以前，广西农产品冷链物流产业效率相对低下，PTE、SE、TE 均在［0.45，0.60］浮动，而 2018～2020 年，PTE、SE、TE 均呈现上升趋势，说明广西农产品冷链物流产业效率逐步上升，最终在 2020 年 PTE 达到了 0.70，在 2020 年之后，反映出广西农产品冷链物流产业效率基本达到了初步稳定，上升趋势缓慢，上升幅度整体不大，发展平稳，稳步前进。近年来，我国对农产品的需求量不断提高，冷链物流运营能力也在快速发展，显示出冷链物流效率在逐步提升，根据广西的数据也可以直观地观察出广西冷链物流产业的发展变化情况。

3.4.5.2　环境与产出的协调程度：系统耦合协调度分析

（1）系统耦合协调度模型。

耦合协调度模型通常用来测算两个或两个以上的系统之间相互作用、

相互影响的程度，因此可以借鉴耦合协调度模型测算出环境系统与产出系统之间相互作用、相互影响的程度，公式如下：

$$C = \frac{\sqrt[2]{U_1 U_2}}{U_1 + U_2} \qquad (3-9)$$

其中，C 表示环境与产出两个系统的耦合度，且 $0 \leq C \leq 1$，U_1 和 U_2 分别表示环境和产出两大系统的指标水平，其中值越接近于 1，表示系统间相互作用越明显，关联性越强，C 值越接近于 0，表示系统间相互作用越不明显，关联性越差。

耦合协调度模型能够客观反映出两系统或多系统之间的协调发展的水平，因此引入该模型来进行测算，公式如下：

$$D = \sqrt{C \times T} \qquad (3-10)$$
$$T = \alpha U_1 + \beta U_2 \qquad (3-11)$$

式（3-10）和式（3-11）中，D 表示两系统的耦合协调度，T 表示两系统的综合协调指数，α 和 β 为表示系数，本书通过参考已有文献，认为产出的侧重程度略高于环境，因此 α 和 β 分别取 0.6 和 0.4。D 值越接近于 1，表示两者耦合协调程度越好。

为了更直观地评价环境与产出系统耦合协调水平的情况，将耦合协调类型划分为"协调度区间（0，0.10），耦合协调层次：极度失调"到"协调度区间（0.9001，1.00），耦合协调层次：优质协调" 10 种类型。

（2）系统的耦合度和耦合协调度计算。

依据上述方法计算广西农产品冷链物流产业 2015 年到 2022 年环境与产出两个系统的耦合度和耦合协调度，结果如表 3-7 所示。

表 3-7　系统耦合协调度及等级情况

年份	耦合度 C 值	协调指数 T 值	耦合协调度 D 值	协调等级	耦合协调程度
2015	0.1363	0.1508	0.1434	2	严重失调
2016	0.4908	0.2178	0.3269	4	轻度失调
2017	0.8701	0.3378	0.5422	6	勉强协调

年份	耦合度 C 值	协调指数 T 值	耦合协调度 D 值	协调等级	耦合协调程度
2018	0.9000	0.3651	0.5732	6	勉强协调
2019	0.6284	0.4156	0.5110	6	勉强协调
2020	0.8507	0.4695	0.6320	7	初级协调
2021	0.8676	0.7651	0.8147	9	良好协调
2022	0.8658	0.8632	0.8645	9	良好协调

从表 3-7 可以得出，在 2016 年以前，环境因素和产出情况处于严重失调状态，这应当是当时广西农产品冷链物流产业发展水平不高的原因之一，从 2017~2019 年来看，广西地方政府积极响应国家政策，合理运用改善产业各项经济活动，支持产业基础设施建设，加强带动社会资本投入。近年来，在国家实行重视冷链物流产业发展的政策下，冷链物流产业升级成效显著，2021~2022 年广西农产品冷链物流产业的环境系统和产出系统已经有了相对而言较高的耦合协调度，从 2015 年的严重失调已经改善成为了 2022 年的良好协调。如果再对本区的冷链物流产业进行精确的定位，适时调整相关政策，切实提高自身发展能力，相信在未来不久就能发展为 10 级的协调等级，成功跨入优质协调的级别。

3.4.5.3 探究阻碍产出的影响因素：系统障碍度分析

（1）系统障碍度模型。

第一步，计算 F 值，F 值＝W×P（W 为准则层权重，P 为指标层权重），且 SPSS 默认会对准则层对应的指标层权重进行归一化处理后计算；

第二步，计算 R′标准化值，R′标准化值计算公式为：（X-min）/（max-min），即（指标数据-该指标最小值）/（该指标最大值-该指标最小值）；

第三步，计算 I 值，I 值＝1-R′标准化值；

第四步，计算指标层 o 值；其计算公式如下：

$$o_j = \frac{F \times I}{\sum_{j=1}^{m}(F \times I)}（j 代表第几个指标） \tag{3-12}$$

第五步，计算准则层 U 值；其计算公式如下：

$$U = \sum o_j \quad (j 代表某准则层时指标编号) \quad (3-13)$$

（2）计算。

根据已有数据分别对投入系统和环境系统进行障碍度分析，深入探究各系统的指标层对总体产出的影响程度，具体计算结果如表 3-8 所示。

表 3-8　归一化权重 F 值表

第 1 层（准则层）权重	第 2 层（指标层）	第 2 层（指标层）权重	F 值
准则层第 1 项 ［投入系统］（0.632）	固定资产投资	0.376	0.238
	劳动力投入	0.313	0.198
	冷库容量（吨）	0.311	0.197
准则层第 2 项 ［环境系统］（0.368）	R&D 经费支出（万元）	0.188	0.069
	路网密度（千米）	0.370	0.136
	外贸依存度	0.271	0.100
	人均互联网接入密度	0.172	0.063

再通过熵值法对原始数据计算得出客观性权重，依据上述方法计算得出 F 值，利用 F 值计算得到相应的准则层障碍度 U 值和指标层障碍度 o 值。计算结果如表 3-9 和表 3-10 所示。

表 3-9　投入与环境准则层 U 值表

年份	准则层第 1 项_U 值（投入系统）	准则层第 2 项_U 值（环境系统）
2015	0.5916	0.4084
2016	0.6039	0.3961
2017	0.6462	0.3538
2018	0.5589	0.4411
2019	0.6288	0.3712
2020	0.5308	0.4692
2021	0.1999	0.8001
2022	0.5330	0.4670

表 3-10　投入与环境指标层 o 值表

年份	人均互联网接入密度	外贸依存度	路网密度	R&D 经费支出	冷库容量	劳动力投入	固定资产投资
2015	0.0703	0.1101	0.1514	0.0767	0.2187	0.2122	0.1607
2016	0.0637	0.1137	0.1482	0.0705	0.1991	0.2257	0.1791
2017	0.0510	0.0965	0.1495	0.0567	0.1947	0.2353	0.2163
2018	0.0501	0.1206	0.1955	0.0749	0.2457	0.0117	0.3016
2019	0.0320	0.0947	0.1909	0.0535	0.2223	0.1001	0.3065
2020	0.0351	0.1331	0.2286	0.0725	0.1058	0.0734	0.3516
2021	0.0800	0.2330	0.3411	0.1359	0.1360	0.0639	0.0102
2022	0.0612	0.1121	0.2046	0.0891	0.1399	0.1701	0.2230

其中，U 值和 o 值越大即意味着其"障碍"越大，即影响程度越大。

由表 3-9 可知：从系统准则层来看，投入所占障碍度比重较大，环境对于产出虽然也有影响，但没有投入对产出所占的比重显著，2015~2022 年，只有 2021 年的环境对产出的障碍度大于该年投入对产出的障碍度。

由表 3-10 可知：对应 2015 年，指标层第 5 项（冷库容量）影响最大；而 2016~2017 年，指标层第 6 项（劳动力投入）影响最大；对应 2018~2020 年以及 2022 年，指标层第 7 项（固定资产投资）影响最大；对应 2021 年，指标层第 3 项（路网密度）影响最大。通过以上系统障碍度分析不难看出，影响广西农产品冷链物流发展的主要为投入系统，即分别是固定资产投资、劳动力投入、冷库容量三大指标，其中，固定资产投资所占比重最大，有些年份甚至高达 0.3 及以上。

3.4.6　实证分析结论

本章对 2015~2022 年广西农产品冷链物流产业的三大系统及其 10 个观测指标进行了深入分析，并得出以下结论：

首先，2020~2022 年，该产业的综合评价分数及环境与产出的耦合协调度均达到高峰，尤其在 2022 年表现最为显著。同年，PTE、SE 和 TE

也达到峰值，投入产出综合效率提升至 0.7 以上，反映出政府措施的有效性，推动了广西农产品冷链物流产业的创新升级与快速发展。相较之下，2015~2019 年，该产业的发展尚存诸多不足，具有较大的提升空间。

其次，通过秩和比综合评价法、环境与产出的耦合协调度分析，以及 DEA-BCC 模型的投入产出效率测算，均显示广西农产品冷链物流效率呈现稳步上升趋势，特别是在 2020 年后，发展更为平稳且持续进步。这表明广西在国家政策指导下，不仅注重农产品冷链物流产业的发展，还有效地扩大了产业规模，提高了经济效益和物流效率。

最后，从系统障碍度角度分析，投入指标而非环境指标是阻碍广西农产品冷链物流产业发展的主要因素。详细分析结果显示，2015~2022 年，无论是系统准则层还是指标层，投入指标均占据较大比重，成为制约产业发展的主要因素。同时，环境因素也对产出产生了一定影响。因此，当前的首要任务是解决投入因素的影响，并尽可能减少环境因素对产出的干扰。

第4章 区域农产品冷链物流集货模式构建

在当今社会，随着生活水平的提升，人们对食品安全与品质的要求日益严格。农产品作为生活必需品，其新鲜度、口感和安全性备受消费者关注。为满足这一需求，农产品冷链物流应运而生，成为保障农产品新鲜度和安全性的关键环节。尽管冷链物流并非新概念，但其在农产品流通中的应用近年来才受到重视。传统农产品流通方式因缺乏温度控制而导致品质下降和食品安全问题，而冷链物流通过精确控温和快速运输，有效保持农产品新鲜度和口感。其中，集货是农产品物流的第一环，集货模式至关重要，它影响农产品的收集和整合，以及后续物流的顺畅性。高效科学的集货模式能迅速集中分散的农产品，为后续环节奠定基础，而低效的集货可能导致延误、损耗和变质，影响消费者体验和市场竞争力。然而，我国农产品冷链物流集货模式仍存在不足，如生产地分散、季节性特点带来的挑战，以及缺乏科学规划和先进技术支持。因此，本章深入探讨区域农产品冷链物流集货模式的构建问题，从农产品冷链物流前端集货模式及内涵界定，到探寻农产品冷链物流前端集货的驱动因素，再到农产品冷链物流设施布局研究。以期找到符合我国实际的农产品前端集货模式，以提升冷链物流效率，满足消费者对农产品的高要求，推动农业现代化，促进农民增收致富。

4.1 农产品冷链物流前端集货模式及内涵界定

4.1.1 农产品冷链物流前端集货的概念

农产品冷链物流前端集货是指在农产品供应链的起始环节，对分散或小批量的农产品进行集中和整合的过程。这一环节的核心是从农户或小型生产者处收集农产品，为后续冷藏运输、配送等冷链物流活动奠定基础。前端集货是农产品冷链物流体系中至关重要的一环，它确保农产品能够高效、安全地从生产地转移至消费市场。

农产品冷链物流前端集货一般包含两个层面：农产品从田间地头经产地集货中心向产地预冷中心集聚；农产品从产地预冷中心向产地低温仓储和直销配送中心集中。

农产品物流前端集货的特点主要体现在以下几个方面：首先，它具有集中性，通过将分散的农产品进行集中，形成规模化的货物量，从而便于后续的物流操作；其次，它具有选择性，集货过程会对农产品进行初步的筛选和分类，以保证进入市场的农产品质量；最后，它具有准备性，包括对农产品的预处理，如清洗、包装等，为长途运输和储存做好准备。

农产品物流前端集货的作用显著。首先，通过集中处理，能够简化单个农户或小型生产者的物流操作，从而提高整体物流效率。其次，在集货阶段进行的质量筛选有助于提升农产品的整体品质，进而增强市场竞争力。而规模化的集货操作有助于降低单位农产品的物流成本，提高整体经济效益。

在实际操作中，农产品集货涉及将小批量、多批次的农产品聚集起来，通过合理的路径规划和车辆调度，运输到集货中心或农村合作社。这一过程中，需要考虑多种因素，如车辆类型、车辆载重、时间要求、货量状况以及运输距离等。合理的集货策略和设计不仅能够确保后续物流环节的顺利运行，还能有效提升农产品质量，降低运作成本，减少货损，并实现系统最优。

4.1.2 农产品冷链物流前端集货的特征

鉴于农业生产具有鲜明的季节性与地域性特征，而其物流需求表现出连续性和普遍性，这使得农产品物流显著区别于其他类型的物流。这一差异性也正是农产品集货运输与其他产品集货运输之间的核心区别。农产品的需求量庞大，其物流流向主要是从农村地区向城市区域输送。同时，农产品易受到自然环境、经济条件、技术进展以及其自身生物特性的多重制约。值得注意的是，农产品集货环节位于整个农产品供应链的初始端，其集货的时间和运输距离对运营成本及产品品质产生直接影响。因此，在深入探究区域农产品冷链物流集货模式前，我们有必要对生鲜农产品的特性、农产品冷链物流节点的特征，以及农产品冷链物流集货流程的特征进行分析。

4.1.2.1 生鲜农产品特征

生鲜农产品作为冷链物流的主要内容和对象，因其独特的属性，在农产品市场中占据重要地位。这类产品具有显著的易腐性和时效性。由于生鲜农产品含水量高，营养丰富，容易受到微生物侵染和环境因素的影响，因此在常温下保存时间短，品质变化快。这就要求在贮存和运输过程中必须严格控制温度、湿度等条件，以延长产品的保鲜期。同时，生鲜农产品的时效性也体现在其市场需求上，消费者追求新鲜、高质量的农产品，因此，快速的物流配送系统是确保生鲜农产品市场价值的关键。

生鲜农产品往往具有鲜明的季节性。其生产和供应受到气候、土壤和种植技术等自然条件的制约，不同季节的生鲜农产品种类和数量会有所变化。这种季节性特征要求农业生产和市场供应需灵活调整，以满足消费者的多样化需求。

生鲜农产品还具有地域性特点。各地的土壤、水质、气候等环境因素对农产品的生长和品质产生深远影响，使生鲜农产品呈现出独特的地域风味和特色。这种地域性不仅丰富了农产品的种类，也为地方农业经济的发展提供了契机。总的来说，生鲜农产品的易腐性、时效性、季节性和地域性是其核心特征，这些特征共同影响着生鲜农产品的生产、贮存、运输和销售环节，也构成了其市场竞争力的重要组成部分。

4.1.2.2　农产品冷链物流节点特征

农产品冷链物流节点具有鲜明的特征，这些特征主要体现在其地理位置、设施状况以及物流环节等方面。其地理位置具有特殊性，往往位于农村地区，与工业产品下乡的流程不同，生鲜农产品的集货起点通常是农村，需要从这些地区运送至城镇，再进一步配送至消费者手中。我国偏远农村地形多样，高山丘陵交错，导致产地相对分散，这给冷链物流带来了不小的挑战。在设施状况方面，农产品冷链物流节点往往面临基础设施不完善的困境。由于农村地区道路基础相对较差，物流企业入驻意愿不高，这导致了集货市场建设的规范化和标准化程度较低。在多数农村地区，村一级缺乏统一的集散中心，或者现有的集货中心规模较小，无法满足大规模的物流需求。此外，投入使用的车辆数量也有限，进一步制约了农产品的流通效率。

在物流环节方面，农产品冷链物流节点呈现环节多、连接复杂的特点。由于集散位置分散，流程环节众多，点与点之间、节与节之间的连接显得无序且复杂。这种复杂性不仅增加了物流成本，还影响了农产品的流通速度。据统计，生鲜农产品在每个流通环节都需加价 15%~20%，最终到达消费者手中时，价格甚至可能加价 50% 以上。这一特征揭示了农产品冷链物流节点在优化流程、提高效率方面的迫切需求。

4.1.2.3　前端集货流程特征

农产品冷链物流集货流程是冷链物流体系中的关键环节。该流程的分散性特点突出，农产品生产通常广泛分布于农村地区，且生产点相对分散。这就要求集货流程必须能够适应这种分散性，从众多不同的生产点有效地收集和汇总农产品。这一特点对物流规划和执行提出了更高的要求，需要建立灵活且高效的收集网络，以确保农产品的及时集中。

时效性是集货流程的另一个核心特征。农产品具有易腐、易变质的天然属性，因此集货过程必须迅速且高效。这就要求在整个集货流程中，时间管理应被严格控制，以确保农产品在最佳的新鲜度和品质状态下被收集和转运。任何延误都可能导致产品品质下降，进而影响其市场价值和消费者满意度。

技术性和信息性也是集货流程不可忽视的特征。前端集货不仅涉及农产品的物理收集，还包括初步加工、分级、包装等技术处理。这些环节需要专业的设备和技术支持，以确保农产品在集货过程中得到妥善处理。同时，信息的获取、处理与传播在集货流程中扮演着至关重要的角色。通过信息技术的运用，可以实现供应链的协调优化和资源的合理配置，进而提高整个集货流程的效率和准确性。

4.1.3 农产品冷链物流前端集货的主要模式

农产品冷链物流前端集货是农产品流通体系的关键环节，其模式的选择直接影响农产品的流通效率、成本以及品质。随着国家乡村振兴战略的实施和信息技术、数字化的快速发展，农村电商的兴起为农产品流通带来了新的机遇和挑战。在此背景下，农产品冷链物流前端集货的主要模式也呈现出多样化的特点。现行农产品集货模式主要有以下几种方式：

4.1.3.1 传统的小农经济模式

农户直接将农产品拿到集市上进行销售，交易形式简单，多为一次性的现金现货交易。传统小农经济模式仍在一定范围内存在，虽然其交易方式直接且简单，但这种模式存在着显著的局限性。最主要的是，它缺乏集货环节，这一缺失直接阻碍了农产品的规模化和标准化处理。在现代市场对高效、统一标准农产品的高需求下，小农经济模式的这一局限性愈发凸显，限制了农产品的市场竞争力以及农户的收入增长潜力。

4.1.3.2 农产品批发市场模式

农产品批发市场模式是当前较为常见的集货方式。在这种模式下，大型生产基地将分散的产品集中至中游批发商的仓库，再通过零售商销售给消费者。这种模式在政府鼓励下得到了一定的发展，可以规避产品分散经营的问题，通过规模运输降低物流成本。然而，该模式存在市场价格混乱、信息不对称等问题，对于零散、小批量的农户而言并不适用。

4.1.3.3 "农户+企业"模式

近年来，"农户+企业"模式逐渐兴起，成为农产品冷链物流前端集货的一种重要模式。在这种模式下，产地直接与物流企业或大型卖场、超市、电商企业等合作，实现农产品的直接配送。这种模式的优势在于减少了农产品的周转次数，降低了中转和装卸搬运成本，实现了从产地到消费者的全程定时定点服务。例如，京东买菜、盒马鲜生、多多买菜等电商平台就采用了这种产地直发配送的方式。这种模式不仅提高了农产品的流通效率，还有助于保持农产品的新鲜度和品质，满足了消费者对高品质农产品的需求。

4.1.4 农产品冷链物流前端集货存在的主要问题

农产品冷链物流前端集货作为农产品冷链物流的起始环节，不仅关乎农产品物流的起点效率，更直接影响后续所有物流环节的运行和农产品的最终品质。一个高效、规范的前端集货系统能够显著提升整个冷链物流的效率，降低损耗，并确保农产品的品质。然而，当前我国农产品冷链物流在前端集货环节面临着多方面的挑战，如标准化程度较低、成本控制困难以及极易"断链"等质量保障不足等情形。

4.1.4.1 "断链"极易出现在农产品冷链物流前端集货环节

农产品冷链物流前端集货"断链"，指的是在集货环节中，由于各种原因导致的冷链物流节点或环节出现问题，使农产品在集货过程中无法保持适宜的环境温度和其他必要的条件，从而影响农产品的品质。

在前端集货环节，农产品从田间地头收集后，需要经过初步的分拣、包装和预处理，然后装入冷藏设备等待进一步的运输。如果在这一过程中出现断链，即温度控制失效或操作不当，农产品的新鲜度和品质就会受到严重影响。例如，生鲜果蔬等农产品在高温环境下容易腐烂变质，一旦冷链物流断链，这些产品就可能遭受损失，甚至引发食品安全问题。

农产品冷链物流集货环节容易断链的原因主要有以下几点：首先，设备设施落后或老化是一个关键问题，由于一些冷链物流企业的设备无法满足现代食品安全标准，例如，我国冷藏车保有量低且技术水平不高，这可能导致集货过程中温度控制不稳定，进而影响农产品质量。其次，信息化水平低下也加剧了断链风险，缺乏有效的信息管理系统使供应商和经销商间沟通不畅，数据更新缓慢，影响集货效率和准确性，甚至可能导致温度异常或货物丢失。再次，地区基础设施分布不均也是一个重要因素，特别是中西部和东部乡村地区冷链设施落后，使这些地区难以保障农产品的温度和品质。复次，管理漏洞和不规范操作也会导致农产品受损或品质下降，如未按规定温度控制或货物管理不善等。最后，成本压力和市场恶意竞争也可能促使企业降低成本，缩减必要的冷链物流环节，进一步增加了断链的风险。

4.1.4.2 农产品生产标准化程度较低

农产品生产及运输的标准化程度较低，且缺乏规范的集货技术。大部分农产品直接以初始状态上市，没有进行精细化加工，因此附加值较低。由于农产品生产的分散性，包装和运载工具的配套变得困难，导致在抵达干线运输前的多次装卸换载过程中，各环节的衔接不够及时，运输秩序相对混乱。此外，现有的农产品集货体系发展时间尚短，运作模式显得粗放。特别是季节性农产品的集货场所规模较小，设施简陋，并且受到季节特征的明显影响，使得这些场所无法满足一次性多种类的大量采购需求。在多数偏远的农村地区，虽然农村合作社充当了集货的角色，但仍缺少具备预冷、整理、贮藏等功能的集配中心，同时冷链运输的相关设施设备也不完善。这导致农产品只能在收获季节进行销售，农户难以获得更好的售价，而消费者也难以购买到满意的有质量保证的农产品。

4.1.4.3 农产品冷链物流前端缺乏系统化的集货运输

由于我国农产品生产受天气环境、生产技术等多重因素影响，且缺乏科学的生产规划，因此存在一定的盲目性。目前，我国的农产品主要由农户自主生产，普遍采用季节性生产和销售模式，且常常出现集中抛售的现象。这种销售模式使中间商有机会压低收购价格，而农户则缺乏稳定的、长期合作的集货商，从而无法有效实施集中运输策略。在广大偏远的农村地区，交易方式相对原始，电子商务尚处于初级阶段，导致市场供需信息的反馈速度缓慢，交易效率和风险管理水平均较低。这一系列问题不仅延长了农产品的流通时间，还降低了产品的新鲜度，进而对产品价格产生不利影响。

4.1.4.4　农产品前端集货及时性较差

由于农产品的出货周期较长，品质追溯机制不健全，导致市场中的农产品质量无法得到充分保障。为确保生鲜农产品的新鲜度，必须在产品采摘完成后不久的时间段内派遣运输车辆抵达，同时，车辆的到达时间还需严格符合预定的时间窗口要求。因此，集货分拣中心需提前调度车辆，并科学规划行驶路径，以避开交通拥堵和管制路段，确保车辆能够及时抵达集货地点，高效完成装载任务。这一系列的措施旨在优化农产品的物流过程，保障其质量与新鲜度。

4.1.4.5　集货车辆线路等组织混乱

在偏远的农村地区，由于物流信息管理系统相对滞后，无法运用先进的路径优化算法来合理规划集货路径。生鲜农产品由于其易腐易变质的特性，对集货运输过程中的温度控制以及集货时间要求极高。因此，在制定集货决策时，必须充分考虑这些因素，以最大限度地减少潜在的损失。然而，目前这些地区的集货路线选择主要依赖人工经验，这种主观选择的行驶路线往往导致运输时间和距离的增加，生鲜农产品的货损率也相对较高。此外，农产品集货过程中存在信息获取不及时、不准确的问题。在安排集货车辆时，往往只是简单地根据包装物的数量来决定，这种方法缺乏效率和灵活性，例如，当一辆车无法装载全部货物时，就直接增加车辆数量，这导致了车辆利用率的降低。集货中心在运营过程中过于依赖经验，缺乏运用算法优化思维来改进集货过程。因此，如何通过算法优化来缩短集货距离、优化集货车辆和线路，是集货环节亟待解决的问题。

4.2 农产品冷链物流前端集货的驱动因素

农产品冷链物流前端集货的驱动因素主要包括城镇化趋势、生鲜电商崛起、供应链效率及物流成本、技术革新与政策支持以及经济增长与消费升级等方面。归纳起来包含三方面的驱动因素：市场需求驱动、供应链协同驱动和技术创新驱动。这些因素共同推动了农产品冷链物流前端集货的发展，以满足市场需求和提高农产品流通效率。如图4-1所示。

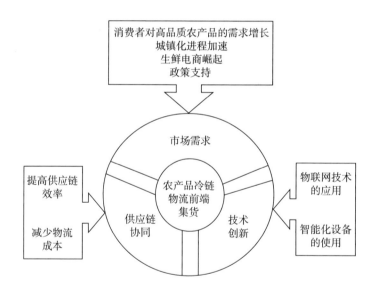

图4-1 农产品冷链物流前端集货的驱动因素

4.2.1 市场需求驱动

4.2.1.1 消费者对高品质农产品的需求增长

随着生活水平的提高，消费者对农产品的品质要求越来越高。他们更倾向于购买新鲜、有机、绿色的农产品，这就要求农产品在流通过程中保持恒定的温度和湿度，以确保农产品的新鲜度和口感。因此，市场对冷链物流的需求不断增长，推动了前端集货环节的发展。

4.2.1.2　城镇化进程加速

随着我国城镇化进程的加速，城市居民数量不断增加，城市农产品消费量也随之增长。城市居民对农产品的需求更加多样化和个性化，这就要求农产品冷链物流能够快速、准确地将农产品从产地运送到消费者手中。前端集货作为农产品冷链物流的起始环节，其重要性不言而喻。

4.2.1.3　生鲜电商崛起

生鲜电商的崛起显著推动了农产品冷链物流前端集货的发展。随着消费者对高品质、新鲜、便捷食品的需求持续增长，生鲜电商行业迅速兴起。为保证生鲜产品质量，冷链物流是关键，而前端集货是关键中的关键，确保了农产品从采购到配送的全程恒温控制。生鲜电商对农产品冷链物流的高需求，不仅促进了相关技术的进步，还推动了行业规模的扩大和服务质量的提升。同时，生鲜电商市场的不断拓展也直接拉动了农产品冷链物流市场的发展，促使冷链物流企业从源头开始关注农产品的质量，不断提升自身实力，以适应市场需求。此外，生鲜电商间的竞争也进一步激发了冷链物流体系的完善与升级，对原来极易忽视的前端集货加大投入，提升了整个行业的竞争力。

4.2.1.4　政策支持

近年来，中央政府发布了一系列支持农产品上行和乡村振兴战略的政策性文件，地方政府也实施了实质性的补贴政策，以促进当地农业经济发展。这些政策支持对农产品冷链物流前端集货环节起到了重要的推动作用。具体而言，政府通过资金补贴、全盘接收农户产出等方式，鼓励集货中心积极收购农产品，从而确保农产品的顺畅流通。此外，政府还强调农产品物流集散功能的重要性，并注重从采摘源头保证农产品品质。自2015 年起，政府每年出台的中央一号文件都有对农产品上行建设与发展提出具体指导意见，明确提出加强"最先一公里"的冷链基础建设，以解决农产品供应链中的断链问题。这些政策支持不仅为农产品冷链物流前端集货提供了强大的后盾，还通过提升农产品供给保障力度、完善收购价政策和补贴政策等措施，进一步促进了农产品冷链物流前端集货的发展。

4.2.2 供应链协同驱动

4.2.2.1 提高供应链效率

供应链效率的提高是农产品冷链物流前端集货发展的重要驱动力之一。在现代物流体系中，提高供应链效率已成为企业持续竞争优势的关键。农产品冷链物流，作为一个涉及多个环节和多个参与方的复杂系统，尤其需要高效的供应链来保证产品质量和快速响应市场需求。前端集货，作为供应链的起始环节，承载着农产品从生产者到消费者的第一次集结与分拣任务。这一环节的效率直接影响后续物流过程的顺畅与否。因此，提高前端集货的效率，就等同于提升了整个供应链的运行速度。为了实现这一目标，前端集货需要与上游生产者建立紧密的合作关系，确保农产品能够及时、准确地从生产地转移到集货中心。同时，与下游销售者的沟通也至关重要，以便根据市场需求调整集货策略，减少不必要的库存积压和浪费。而随着消费者对于农产品新鲜度和品质要求的提升，高效的供应链也能够帮助企业在最短时间内将产品送达消费者手中，从而提升客户满意度和忠诚度。

4.2.2.2 减少物流成本

减少物流成本是农产品冷链物流前端集货发展的内在需求之一。在农产品流通领域，物流成本占据了很大一部分开销，因此，如何有效降低物流成本成为了行业发展的重要考量。前端集货作为一种有效的物流策略，正是在这样的需求背景下应运而生。通过前端集货，原本分散在各地的农产品得以集中到一起，这种集中带来了规模效应。而这种规模效应不仅提升了物流操作的便利性，更重要的是，它使单位农产品的物流成本得以显著降低。这是因为，在集货过程中，可以更加合理地规划和利用运输资源，减少不必要的空驶和重复运输，从而降低运输成本。另外，前端集货还有助于减少农产品的损耗和浪费，在传统的农产品流通模式中，由于农产品在运输和储存过程中的损耗，不仅增加了物流成本，还造成了资源的浪费。而通过前端集货，农产品可以在更短的时间内被集中、分类和储存，从而减少了在这些环节中的损耗。这种损耗的减少，实际上也是物流成本降低的一种体现。

因此，减少物流成本的需求，是推动农产品冷链物流前端集货发展的重要驱动力。通过前端集货，不仅可以形成规模效应以降低运输成本，还可以通过减少损耗来进一步节约物流成本。这种成本的节约，对于提升农产品冷链物流的效益和竞争力具有重要意义。同时，它也符合现代物流管理理念，即通过优化流程和管理策略，实现成本的最小化和效益的最大化。

4.2.3　技术创新驱动

4.2.3.1　物联网技术的应用

农产品冷链物流是现代农业流通体系的重要组成部分，它涵盖了农产品的采收、集结、运输、储存及销售等多个环节。在这些环节中，前端集货作为一个起始点，其效率与质量控制尤为关键。近年来，物联网技术的迅猛发展与应用，正成为推动农产品冷链物流前端集货进步的重要驱动力。物联网技术通过无线网络将各种智能传感器、控制系统和执行器等设备连接起来，形成了一个能够实时监控和数据共享的网络平台。在农产品冷链物流的前端集货环节中，物联网技术的引入具有革命性的意义。传统的集货方式往往难以精确控制农产品的温度、湿度等关键环境参数，而物联网技术的运用则彻底改变了这一状况。物联网技术的这种实时监控与调整功能，极大地提高了农产品在集结过程中的品质保证。农产品，尤其是生鲜产品，对环境温度和湿度的变化极为敏感，不适宜的环境条件会迅速导致产品质量的下降。物联网技术的应用，不仅确保了农产品在集结过程中能够保持在最佳状态，还通过数据共享和智能分析，帮助管理人员优化集货流程和资源配置。

4.2.3.2 智能化设备的使用

在农产品冷链物流体系中，前端集货环节是至关重要的起始步骤，它涉及农产品的收集、分类以及初步处理。随着科技的飞速进步，智能化设备在这一环节中的应用日益广泛，成为推动农产品冷链物流前端集货发展的重要驱动力。智能化设备的引入，为前端集货带来了革命性的变革。传统的集货方式往往依赖于人工进行分拣、打包和装箱，这不仅效率低下，而且容易出现错误。然而，随着智能化设备的运用，这些问题得到了有效解决。例如，现代化的自动分拣系统能够通过扫描农产品的条形码或RFID标签，快速准确地将其分类，并输送到指定的打包区域。打包机器人则可以根据预设的程序，自动完成农产品的打包工作，不仅速度快，而且打包整齐划一，大大提升了集货环节的效率和准确性。智能化设备还提升了农产品冷链物流的透明度和可追溯性。通过智能化设备收集的数据，管理人员可以实时监控集货环节的各项指标，如分拣速度、打包质量等，从而及时发现并解决问题。同时，这些数据还可以用于后续的优化分析，进一步提升集货效率。

4.3 农产品冷链物流设施布局研究

在当前的农产品市场中，生鲜农产品的产量不断增长，对冷链物流的需求也日益加大。冷链物流作为农产品从生产到销售过程中的重要环节，其运作的效率和效果直接影响到农产品的质量、安全以及消费者的满意度。因此，针对生鲜农产品产量和冷链物流市场的冷库布局进行规划研究，对优化冷链物流运作，提高农产品质量与安全以及满足消费者需求具有重要的现实意义。本章以广西为例，对生鲜农产品产量进行预测和对农产品冷链市场进行分析，基于预测和分析结果设计了一种冷库布局规划方法。

广西正处于稳步发展时期，经济发展水平与居民的消费水平也在不断提高，消费者对于食品安全和品质的要求也越来越高。生鲜农产品，如蔬菜、水果、肉类等是人们日常饮食中不可或缺的重要组成部分。然而，由于生鲜农产品易腐败、易变质，需要在一定温度下保存，因此对于冷库的需求也越来越大。广西是一个农业大省，农产品产量较高，但冷链物流市场却相对薄弱。由于广西地处南方，气候炎热潮湿，导致农产品易腐烂，降低了产品的质量和市场竞争力。因此，在广西建设更多的冷库，加强对冷链物流的建设，对保障当地农产品质量，提高产品附加值，促进农业经济发展具有重要意义。虽然近年来广西的冷链物流发展迅速，但与发达地区相比，冷链物流的劣势仍然显著。与此同时，民众日渐增加的冷链产品需求，既为广西冷链物流发展创造了巨大的市场发展潜力，也对冷链物流的服务质量提出了更高的要求。因此，优化冷库布局，加快冷链物流节点建设和全面提升冷链物流服务水平，是发展广西冷链物流产业的当务之急。

4.3.1　生鲜农产品产量预测

　　近年来，广西地区的经济发展迅速，城市和农村的人口数量、生活质量都在不断攀升，这种发展态势促使农产品的生产和消费不断增长，也导致市场对冷链物流的需求越来越大。本章基于 2003～2022 年广西生鲜农产品产量统计数据，运用 R 语言建立 ARIMA 模型预测广西农产品产量。

4.3.1.1　数据来源

　　广西的生鲜农产品以蔬菜、水果和水产品、畜产品为主，产量持续稳定增长。2003 年，广西生鲜农产品产量为 3023.22 万吨。2022 年，生鲜农产品产量增加至 8135.30 万吨。表 4-1 为 2003～2022 年广西生鲜农产品产量的统计结果。

表 4-1　2003~2022 年广西生鲜农产品产量　　　　单位：万吨

年份	生鲜农产品总产量	年份	生鲜农产品总产量
2003	3023. 22	2013	4637. 12
2004	3150. 18	2014	4960. 22
2005	3448. 43	2015	5306. 52
2006	3264. 86	2016	5651. 35
2007	3865. 78	2017	5957. 83
2008	3930. 82	2018	6340. 32
2009	4183. 38	2019	6866. 19
2010	3920. 74	2020	7383. 44
2011	4185. 50	2021	8007. 19
2012	4427. 68	2022	8135. 30

资料来源：《广西统计年鉴 2023》。

4.3.1.2　ARIMA 模型概述

差分整合移动平均自回归模型（Autoregressive Integrated Moving Average Model，ARIMA）是一种用于分析和预测时间序列数据的统计模型。它是由自回归模型（Autoregressive Model，AR）和移动平均模型（Moving Average Model，MA）结合而成的。该模型可以被视为一个"过滤器"，它试图将信号与噪声分开，然后将信号外推到未来以获得预测。因此，ARIMA 模型可以用来分析并预测时间序列数据，其表达式如下：

$$\left(1 - \sum_{i=1}^{p} \phi_i L^i\right)(1 - L)^d X_t = \left(1 + \sum_{i=1}^{q} \theta_i L^i\right)\varepsilon_t \qquad (4-1)$$

其中，L 表示滞后算子（Lag operator）；$d \in Z$，$d > 0$；$\phi(L)$ 表示平稳的自回归算子；$\theta(L)$ 表示可逆的移动平均算子。

在 ARIMA 模型中，主要涉及以下参数：

自回归阶数：表示观察值与前期观察值之间存在的自相关关系。通过观察自相关图（ACF）和部分自相关图（PACF）来确定自回归阶数。

移动平均阶数：表示观察值与前期预测误差之间存在的相关关系。同样可以通过观察 ACF 和 PACF 来确定移动平均阶数。

差分次数：用于使时间序列平稳化的差分次数。如果时间序列有趋势或季节性，需要进行差分操作，直到序列平稳为止。

通过观察 ACF 和 PACF 图，可以判断上述三个参数的大致范围。

基于此，本章利用 R 语言分析系统构建 ARIMA 模型对广西生鲜农产品产量进行 4 年的预测分析，以此确定广西生鲜农产品的未来产量。

4.3.1.3 ARIMA 模型建立及数据预测

（1）时序图检验及平稳性处理。

运用 R 语言建立时序图，如图 4-2 所示。

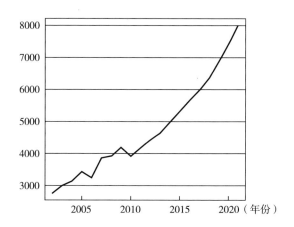

图 4-2 2002~2021 年广西生鲜农产品产量时序图

由图 4-2 可以看出，数据呈现明显的上升趋势，为使序列平稳化，需要对序列进行差分处理。

对数据进行差分处理，同时绘制一阶差分后序列时序图，如图 4-3 所示。图 4-3 显示一阶差分不能有效消除序列中蕴含的长期递增趋势，于是进行二阶差分运算。二阶差分后序列时序图如图 4-4 所示。二阶差分后序列基本围绕在 0 值附近波动，已经没有明显的趋势特征。

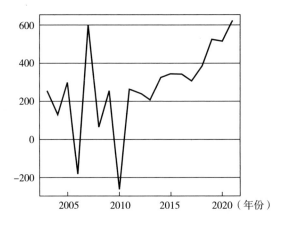

图4-3　一阶差分后序列时序图

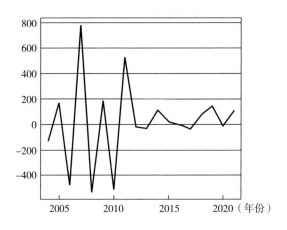

图4-4　二阶差分后序列时序图

（2）模型选择。

广西生鲜农产品总产量时间序列经二阶差分后产生的时间序列通过了平稳性检验，因此 ARIMA（p，d，q）模型阶数 d 值可以确定为2，剩余的 p、q 值需要自相关图和偏自相关图确定。图4-5 和图4-6 分别为广西生鲜农产品产量的二阶差分序列的自相关（ACF）和偏自相关（PACF）图，从 ACF 图可以发现自一阶后衰减趋于 0，而 PACF 图显示一阶截尾特征，通过 AIC 信息准则（值越小越好），可以进一步确定模型阶数，最终得到的最优模型为 ARIMA（1，2，0）。

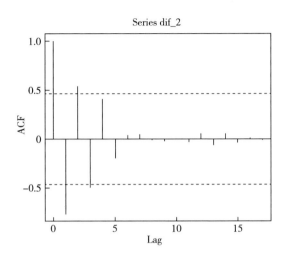

图 4-5　二次差分序列 ACF

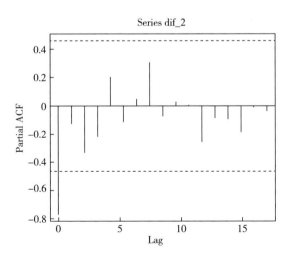

图 4-6　二次差分序列 PACF

（3）模型检验。

广西生鲜农产品产量序列拟合模型显著性检验结果如图4-7所示。

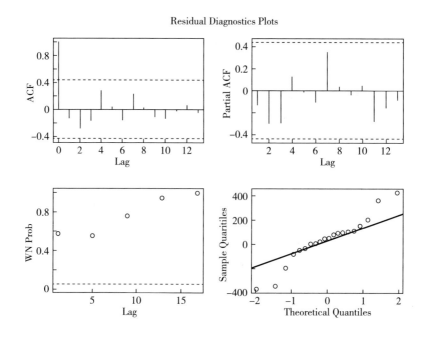

图4-7 广西生鲜农产品产量序列拟合模型显著性检验图

观察残差序列的白噪声检验结果（见图4-7中的左下图）可以看出，各阶延迟下白噪声检验统计量的 P 值都显著大于 0.05（虚线为 0.05 参考线）。因此可以认为这个拟合模型的残差序列属于白噪声序列，即该拟合模型显著成立。

4.3.1.4 生鲜农产品总产量预测

图4-8 为模型 ARIMA（1，2，0）关于广西生鲜农产品产量拟合情况以及 2022 年后 4 年生鲜农产品产量预测情况。由图4-8 可以看出，真实值和拟合值吻合度高，而且随着时间的推移，广西生鲜农产品产量逐年增加，并且随着预测年限的增加，预测值的误差范围逐渐增大，表明模型拟合效果好，可较为真实反映未来 4 年广西生鲜农产品产量变化（见表

4-2），但其预测分析的年限受限，适合短期分析预测。

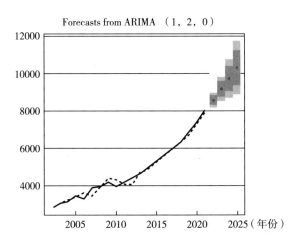

图 4-8 广西生鲜农产品产量序列拟合与预测效果图

表 4-2 广西生鲜农产品产量预测情况 单位：万吨

年份	预测值
2023	9155.695
2024	9716.469
2025	10308.248
2026	10903.639

以初步数据和预测结果为依据，广西的农产品不仅具有强大的供给基础，而且在未来 4 年中还将呈现出增长趋势。

4.3.2 农产品冷链物流需求市场分析

4.3.2.1 特色农业经济发展对冷链物流的需求

广西地处低纬度，北回归线横贯中部，属亚热带季风气候区，气候温暖，雨水丰沛，光照充足，为农业生产提供了极佳的气候条件。广西是中国亚热带水果的"果园子"，也是中国最大的秋冬菜生产基地。

2022 年，广西的蔬菜产量超过 4236 万吨，是全国最大的秋冬菜生产基地，园林水果年产量为 2000 多万吨，连续 4 年保持全国第一。全年水产品产量为 352.94 万吨，比上年增长 2.6%。畜牧业取得了较大的发展，猪牛羊禽肉的产量达 432.44 万吨，比上年增长了 16.5%。生鲜农产品由于自身富含水分，因此更容易腐烂变质。据中物联冷链委的统计，目前我国的水果、蔬菜、肉类、水产品流通环节腐损率分别在 11%、20%、8%、10% 左右，而发达国家仅为 1.7%~50%。

然而，由于广西的气候潮湿闷热，使农作物的损耗率极大。据估计，每年在流通环节损失的果蔬产品能超过全区果蔬总产量的 20%，这一比例大大超出了发达地区的平均水准。冷链物流对降低生产过程中的损耗、帮助农产品跨越产地流通、提高农户的收益具有重要意义，是促进广西特色农产品向外发展的重要支撑。因此，广西地区的冷链物流市场具有很大的发展潜力。

4.3.2.2 城乡居民消费水平的提高对冷链物流的需求

根据广西壮族自治区统计局的数据，2021 年全区城镇居民人均可支配收入为 38530 元，增长 7.4%；城镇居民人均消费支出为 22555 元，增长 7.9%；农村居民人均可支配收入为 16363 元，增长 10.4%；农村居民消费支出为 14165 元，增长 13.9%。以上数据表明，随着本地区居民人均可支配收入的逐步提高，城乡居民的消费支出也在不断增加。居民消费水平的提升刺激了对于农产品的需求，同时也对农产品的品质，尤其是农产品的新鲜度、营养价值和品种多样性提出了更高的要求。此外，由于食物的质量问题频发，使人们对食物的安全性更加重视。因此，健全的冷链物流网络能够在农产品保鲜、保质、保证营养和食物安全等方面起到非常关键的作用。

4.3.2.3 农产品电商对冷链物流的需求

当前生鲜农产品电子商务已经成为农产品交易的一个新增长点，电子商务不仅能提供交易场所，还能向买卖双方提供实时市场供需信息，从而有效解决由于传统农产品交易方式中的信息不对称导致的"农民卖贱""顾客买贵"等问题。同时，电商平台的加入也能大大简化农产品的流通环节，提高农产品在市场上的流通效率。

广西壮族自治区商务厅公布的数据显示，2015~2021年，广西有66个县被批准成为电子商务进农村综合示范县，县（市）覆盖率达94%。示范地区网络零售额累计达325.68亿元，培育农产品网销单品28515个。从以上数据可以看出，近年来广西的农产品电商发展迅速，农户可以通过电商平台解决农产品的销路问题，农村地区的经济发展也寻找到新的突破口。

然而，与普通的电商商品相比，生鲜农产品更容易腐烂，不易保存，在配送过程中的损失率较高，即使是被成功运送到销售地点的农产品，其新鲜度也会大大降低，难以给购买者带来好的消费体验，而目前广西的冷链物流发展速度仍落后于国内其他省份。因此，为了保障广西的农产品电商发展，迫切需要构建一个完善的冷链物流系统。

4.3.3 农产品冷链物流供给市场分析

4.3.3.1 广西农产品冷链物流的政策环境

近年来，广西政府重视推动农产品冷链体系的建设。为了打造高效连接农产品产地和销地的冷链物流网络，广西壮族自治区人民政府办公厅印发了《广西统筹推进农村物流高质量发展行动方案（2022—2025年）》（以下简称《方案》）。《方案》将完善农村冷链物流体系作为现阶段的重要任务，提出建设县级冷链物流集配中心，建设产地保鲜仓和移动式冷库，大力发展冷链配送，提高冷链物流数字化智能化水平等措施。此外，为了满足与东盟农产品日益旺盛的冷链运输需求，广西壮族自治区人民政府办公厅印发了《广西物流业发展"十四五"规划》，提出要将广西打造成国内国际双循环的重要节点枢纽的目标。其中，南宁因具有优越的地理位置条件，将发挥"核心"牵引的作用，打造面向东盟的国际物流枢纽。

4.3.3.2 农产品冷链物流项目建设

"十三五"期间，广西共筹集资金2.38亿元，带动社会资本投入约320亿元，用以支撑一批冷链物流枢纽和农产品冷链物流设施建设，其中包括建设10万吨冷库、大约30条农产品商品化加工生产线以及12条以火龙果、柑橘和芒果为代表的特色农产品供应链。截至2021年，全区

111 个县（市、区）实现了冷库全覆盖，冷库总容量达 158.4 万吨。"百色一号"冷链运输专线已在东盟不少国家的主要城市（包括越南、柬埔寨、泰国等）建立了果蔬专列物流分拨中心。截至 2021 年 10 月，"百色一号"冷链运输专线已开通中越边境直达班列 164 列，总运量约 6.9 万吨，每年从东盟各国（如越南、柬埔寨、泰国）运回的农产品近 20 万吨。

4.3.3.3 冷链物流企业数量及规模

广西现有各类冷链物流企业 300 家左右，其中只有 20 家规模以上的冷链物流企业，剩余的小规模冷链物流企业因为缺乏资金，无力在升级冷链物流设施设备方面加大投入，也招聘不到足够多的冷链物流专业人才，导致广西农产品的冷链流通率很低，大部分农产品只能在传统常温模式下进行运输、储存、销售。因此，农产品损耗率高于全国平均水平。

4.3.3.4 冷链监管平台建设

2021 年，广西投入专项经费 500 万元建成广西冷链食品质量安全追溯系统——"八桂冷链通"，同步实现与国家市场监管总局平台的对接，实行"首站赋码、进出扫码、一码到底、扫码查询"的管理模式。与此同时，广西市场监管部门为了弥补自身监管短板，完善可追溯链，明确了除了进口肉食和水产品之外，还将民众消费多的水果、国产肉食和水产品等也纳入了平台，实行可追溯的监管，实施全覆盖检查、全环节追溯、全流程防控。

2022 年，广西基于"八桂冷链通"进口冷链食品可追溯体系，升级建设"八桂集中仓"，将全区 8464 座冷库纳入"八桂集中仓"监管体系，累计监测出入库单数 20.98 余万条。其中 61 座集中仓基础数据上报并与市场监管总局对接，出具出仓互认凭证 17000 余份，有效防范了进口冷链食品输入型疫情，通过减少信息重复核对流程来提高商品流通效率。

4.3.4 区域农产品冷链物流冷库布局优化研究

广西的东部与西部分别与广东、云南相连，西南与越南接壤，北连华中地区，背靠大西南。作为中国西部内陆地区和东部发达地区之间的"桥梁"以及中国西南部货物出海最便利的通道，广西在中国同东南亚国家的冷链食品贸易中起到了不可小觑的作用。根据海关总署统计数据，2021 年广西与东盟 10 国冷链农产品进出口交易金额为 26.93 亿美元。此外，广西还是全国最大的水果进出口省份和秋冬菜生产基地，通过冷链将大量优质农产品运往华北、华东、西南及粤港澳地区。

为了促进广西农产品跨区域、跨境流通，降低农产品流通损耗，推动我国与东盟各国间的农产品贸易发展，本章拟对广西农产品冷库进行布局规划，加快建成畅通、高效、完善的广西冷链物流体系。

按照熵权-TOPSIS 法的求解顺序，运用 SPSS 软件进行计算，对南宁、柳州、桂林、梧州、北海、防城港、钦州、贵港、玉林、百色、贺州、河池、来宾、崇左 14 个主要城市进行实证研究，设计广西冷库布局规划方案。

4.3.4.1　指标选取与数据采集

（1）构建指标体系。

本章基于产量和冷链物流市场分析，综合考虑冷库布局的各种因素，构建指标体系如表 4-3 所示。

表 4-3　广西冷库网络布局指标体系

一级指标	二级指标	单位	符号
农产品供应能力指标	农业产值	亿元	X_1
	生鲜农产品产量	万吨	X_2
冷链物流市场发展潜力指标	GDP	亿元	X_3
	社会消费品零售总额	亿元	X_4
	人口规模	万人	X_5
	城乡居民人均可支配收入	元	X_6
	进出口总额	亿元	X_7
	港口货物吞吐量	万吨	X_8
	邮电业务总量	亿元	X_9
	公路密度	千米/100 平方千米	X_{10}

1）农产品供应能力指标。

由于生鲜农产品极易变质，难以贮藏，需要搭配专门的设备来保障其质量，而且冷藏车的操作也更为复杂，还需要为其配备专业人员，这就导致冷藏车的运营成本比普通的货运车高。为了保障冷链物流配送的品质及运输成本最小化，应该尽可能地选择在农业发达的地区建立冷库，这样既能保障生鲜农产品在储存与配送过程中的质量，又可以节约运输农产品的成本，进而提升农产品冷链配送的效益。因此，指标选取为：X_1 表示农业产值（亿元）；X_2 表示生鲜农产品产量（万吨）。

2）冷链物流市场发展潜力指标。

经济水平越高的地区对冷链物流的需求越大，巨大的冷链物流需求会带动相关的生产制造和物流业的发展，所以经济发展水平较高地区的链物流配套设施和市场前景也高于经济发展水平低的地区。同理，一个地区的居民收入水平越高，该地区的冷链物流市场发展空间就越大。此外，随着近些年广西生鲜农产品跨境电子商务的发展，对冷链物流的需求量也日益增加。为了加速农产品的流通，冷库应布局在交通便利的区域，利用该区域的交通优势来减少农产品配送的时间，不仅保障了农产品的品质，也降低了配送的成本，进而提高冷库的服务能力。因此，指标选取为：X_3 表示 GDP（亿元）；X_4 表示社会消费品零售总额（亿元）；X_5 表示人口规模（万人）；X_6 表示城乡居民人均可支配收入（元）；X_7 表示进出口总额（亿元）；X_8 表示港口货物吞吐量（万吨）；X_9 表示邮电业务总量（亿元）；X_{10} 表示公路密度（千米/100 平方千米）。

（2）数据来源。

数据来自《广西统计年鉴 2022》和广西各市 2022 年国民经济与社会发展统计公报。通过整理汇总后结果如表 4-4 所示。

表 4-4　广西 14 个城市冷库网络布局指标数值

指标 城市	X_1	X_2	X_3	X_4	X_5	X_6	X_7	X_8	X_9	X_{10}
南宁	597.4	1239.50	5120.94	2364.17	800.94	32679	581.95	980	877.42	86.70
柳州	250.6	459.10	3057.24	1332.26	396.79	33036	155.25	38	68.49	56.75

续表

指标 城市	X_1	X_2	X_3	X_4	X_5	X_6	X_7	X_8	X_9	X_{10}
桂林	659.9	1524.24	2311.06	942.55	541.59	29964	82.14	0	63.88	60.79
梧州	183.7	444.51	1369.37	316.33	354.69	27338	40.59	6004	30.77	66.73
北海	91.2	270.96	1504.43	350.01	182.71	31602	112.60	4323	20.35	97.07
防城港	53.2	113.36	815.88	137.71	101.92	31222	77.96	14800	15.46	58.68
钦州	265.8	580.80	1647.83	470.11	419.47	26413	41.85	16699	34.64	88.30
贵港	223.2	348.52	1501.64	457.65	566.80	27664	21.13	10227	40.97	88.76
玉林	315.2	712.36	2070.61	841.23	742.78	29912	26.06	0	63.06	93.28
百色	273.1	574.23	1568.71	421.24	422.81	22817	383.03	736	42.95	78.00
贺州	173.3	419.45	909.21	199.53	249.32	25248	16.48	0	20.46	60.46
河池	188.3	310.57	1041.97	309.39	433.30	20414	19.01	22	39.71	54.64
来宾	204.8	363.05	832.88	144.07	268.51	25874	12.20	1578	23.91	65.52
崇左	280.5	278.78	989.09	252.26	251.42	24114	1369.06	253	26.11	60.18

4.3.4.2　构建熵权-TOPSIS 模型

熵权法属于一种客观赋值法，其利用数据携带的信息量大小计算权重，经过计算的指标权重更为客观；而 TOPSIS 法是根据现有的评价对象与理想化目标的接近程度进行排序的方法。将两者结合可以得到熵权-TOPSIS 模型，该模型能避免主观因素的影响，且对数据分布及样本含量没有严格限制，决策结果可信度较高，具体步骤如下所示：

步骤一：构造初始矩阵。

假设共有 n 个待评价对象（城市），每个对象都有 m 个指标，各城市的评价指标值组成矩阵 X，其中 x_{ij}（$i = 1, 2, \cdots, n$; $j = 1, 2, \cdots, m$）表示第 i 个城市的第 j 项评价指标，则原始数据矩阵构造为：

$$X = (x_{ij})_{n \times m} = \begin{bmatrix} x_{11} & x_{12} & \cdots & x_{1m} \\ x_{21} & x_{22} & \cdots & x_{2m} \\ \vdots & \vdots & \ddots & \vdots \\ x_{n1} & x_{n2} & \cdots & x_{nm} \end{bmatrix} \tag{4-2}$$

步骤二：指标正向化处理。

若所用指标的值越大越好（正向指标）：

$$a_{ij} = \frac{x_{ij} - minx_j}{maxx_j - minx_j} \qquad (4-3)$$

若所用指标的值越小越好（负向指标）：

$$a_{ij} = \frac{maxx_j - x_{ij}}{maxx_j - minx_j} \qquad (4-4)$$

其中，$maxx_j$ 表示第 j 项指标的最大值；$minx_j$ 表示第 j 项指标的最小值。

步骤三：采用熵值法确定指标权重。

数据归一化处理：为消除因量纲不同对评价结果的影响，需要对各指标进行归一化处理。

$$p_{ij} = \frac{a_{ij}}{\sum_{i=1}^{n} a_{ij}} \qquad (4-5)$$

计算信息熵：

$$e_j = -k \sum_{i=1}^{n} p_{ij} \ln p_{ij}, \ k > 0, \ k = \frac{1}{\ln n} \qquad (4-6)$$

计算效用价值：

$$d_j = 1 - e_j \qquad (4-7)$$

计算熵权：

$$w_j = \frac{d_j}{\sum_{j=1}^{m} d_j} \qquad (4-8)$$

步骤四：生成加权矩阵。

$$Z_{ij} = (a_{ij} \times w_j)_{n \times m} = \begin{bmatrix} Z_{11} & \cdots & Z_{1m} \\ \vdots & \ddots & \vdots \\ Z_{n1} & \cdots & Z_{nm} \end{bmatrix} \qquad (4-9)$$

步骤五：确定正理想解和负理想解。

正理想解 Z_j^+ 由 Z_{ij} 中每列元素的最大值构成：

$$Z_j^+ = \{ maxZ_{i1},\ maxZ_{i2},\ \cdots,\ maxZ_{im} \} \tag{4-10}$$

负理想解 Z_j^- 由 Z_{ij} 中每列元素的最小值构成:

$$Z_j^- = \{ minZ_{i1},\ minZ_{i2},\ \cdots,\ minZ_{im} \} \tag{4-11}$$

步骤六:计算每个方案各自与正、负理想解的距离。

最优距离:

$$D_i^+ = \sqrt{\sum_{j=1}^{m} (Z_{ij} - Z_j^+)^2} \tag{4-12}$$

最劣距离:

$$D_i^- = \sqrt{\sum_{j=1}^{m} (Z_{ij} - Z_j^-)^2} \tag{4-13}$$

步骤七:根据最优距离与最劣距离计算得分,过程如下:

$$C_i = \frac{D_i^-}{D_i^+ + D_i^-} \tag{4-14}$$

$0 \leqslant C_i \leqslant 1$,且 D_i^+ 的值越小,也就是该方案与正理想解的距离越小时,C_i 越大;相应地,D_i^- 越小,也就是该方案与负理想解的距离越小时,C_i 越小。

步骤八:根据 C_i 大小进行排序,给出评价结果。

根据 C_i 的大小,确定方案排序,C_i 越大,方案越优。按 C_i 从大到小排列,得到方案从优到劣的排序。

4.3.4.3　实证分析

采用熵权–TOPSIS 模型对广西 14 个城市进行定量分析,以求出最佳冷库布局方案。

(1)确定评价指标的熵权。

根据式(4-2)至式(4-8),利用 SPSS 软件计算得到冷库网络布局指标体系各权重值,如表 4-5 所示。

表 4-5　指标权重结果

指标	信息熵值 e	信息效用值 d	权重(%)
农业产值	0.897	0.103	4.524

续表

指标	信息熵值 e	信息效用值 d	权重（%）
生鲜农产品产量	0.876	0.124	5.434
GDP	0.787	0.213	9.339
人口规模	0.916	0.084	3.669
社会消费品零售总额	0.768	0.232	10.163
城乡居民人均可支配收入	0.938	0.062	2.701
进出口总额	0.593	0.407	17.809
港口货物吞吐量	0.654	0.346	15.146
邮电业务总量	0.428	0.572	25.011
公路密度	0.858	0.142	6.205

（2）利用 TOPSIS 法进行排序。

根据式（4-9）至式（4-14），运用 SPSS 软件计算得到各个城市的综合得分指数，结果如表4-6所示。

表 4-6　TOPSIS 评价结果

城市	正理想解距离（D^+）	负理想解距离（D^-）	综合得分指数	排序
南宁	0.44783198	0.80354329	0.64212815	1
柳州	0.8226267	0.31502107	0.27690563	8
桂林	0.81712571	0.39580629	0.32632191	4
梧州	0.8619257	0.21209336	0.19747634	11
北海	0.86251147	0.3147445	0.26735435	9
防城港	0.8921615	0.37383467	0.29528894	7
钦州	0.77988564	0.47081098	0.376439	2
贵港	0.80443246	0.36308378	0.31098821	5
玉林	0.82377643	0.36699969	0.30820209	6
百色	0.8317631	0.24003257	0.22395366	10
贺州	0.95017491	0.10593928	0.10031044	14
河池	0.94907659	0.11231981	0.10582268	13
来宾	0.93153494	0.13085527	0.12317063	12
崇左	0.84346947	0.43673675	0.34114563	3

根据综合得分指数进行排序，指数的值越大，越说明在此地建立农产品冷库布局能够满足市场的需求；反之，说明在此地建立冷库不能有效满足市场需求。通过分析各个城市的 TOPSIS 评价综合得分指数，可知不同城市建立农产品冷库是否可以满足市场需求，研究发现，在南宁市建立农产品冷库最能够满足市场需求，钦州市次之。

（3）基于评价结果的冷库规划布局方案。

为充分满足市场消费需求和加速农产品流通发展。本章将冷库分为冷链物流园区、冷链物流中心、冷链配送中心三种类型，再结合评价结果进行合理的布局，使之形成相互依托、互为补充和互为带动的农产品冷链物流网络。

根据表 4-6 中的排名数据可知，南宁、钦州、崇左、桂林排名前四，这些城市的综合实力较强，可以为生鲜农产品的快速流通提供强力支持，将这 4 个地级市作为冷链物流园区型的节点城市，能有效推动广西农产品冷链物流业的发展。贵港、玉林、防城港、柳州的排名依次为第五、第六、第七、第八，虽然综合条件不如上述 4 个城市，但区位优势明显，可作为冷链物流中心节点城市，建设冷链物流中心，在生鲜农产品的流通过程中起到重要的“桥梁”作用。虽然北海、百色、梧州、来宾、河池和贺州的生鲜农产品产量均处于较高的水平，但排名都很靠后，说明这些城市的冷链物流发展潜力相对较小，适合建设生鲜农产品的冷链配送中心。

综上所述，确定南宁、钦州、崇左、桂林 4 个城市为冷链物流园区节点城市，贵港、玉林、防城港、柳州为冷链物流中心节点城市，北海、百色、梧州、来宾、河池、贺州为农产品冷链配送中心节点城市。由此可以规划出广西农产品冷库布局方案如表 4-7 所示。

表4-7　广西农产品冷库布局规划方案

类型	各地级市
冷链物流园区	南宁市、钦州市、崇左市、桂林市
冷链物流中心	贵港市、玉林市、防城港市、柳州市
冷链配送中心	北海市、百色市、梧州市、来宾市、河池市、贺州市

为使广西区域农产品冷库布局满足市场发展需要，本章从可持续发展视角出发，提出以下建议：

第一，建设冷链物流枢纽。依托南宁、钦州、崇左、桂林的区位优势和冷链物流市场发展潜力，完善多功能、标准化的冷链物流设施，打造一批具备低温仓储、流通加工、交易展示、中转集散和分拨配送等功能的冷链物流园区，建设服务区内外主要城市的冷链物流枢纽。

第二，建设区域性农产品冷链物流节点。推动贵港、玉林、防城港、柳州等城市冷链物流节点的建设，形成便捷、低成本、规模化的农产品冷链物流重要节点。同时，以"百色一号"绿色果蔬冷链专列为核心，打造"南菜北运"农产品上行中心。

第三，加快产地冷库及冷链设施建设。广西现有的农产品冷链物流设施设备普遍比较陈旧，产地冷库建设相对滞后，果蔬预冷及冷藏设施明显不足。为加强果蔬产地预冷、储存保鲜和低温运输，提高农产品附加值，建议加快产地农产品批发市场低温储藏保鲜设施建设，支持农产品批发市场、农产品生产流通企业建设具备集中采购、低温加工、跨区域配送能力的果蔬配送中心和中转保鲜库。

4.4　农产品冷链物流前端集货运输研究

4.4.1　前端集货运输路径优化模型的构成与特点

农产品冷链物流的前端集货运输路径优化模型是一个综合的、多阶段的系统，它由五个核心组件构成：实时数据获取与分析、前瞻性预测模型、多维度优化算法、协同配送策略以及区块链技术强化。这一模型的主要目标是通过实时数据的洞察、前瞻性的预测、多维度的优化以及协同的配送方式，来显著提升运输效率并降低总体成本。在生鲜电商的快速发展背景下，前端集货运输面临了多批次、小批量的新挑战。为了克服这些挑战，特别是在当前冷链运输中普遍存在的无序集货和运输资源浪费问题，提出了一个两阶段的优化方案：

第一阶段，聚焦于从各果蔬产地（如批发市场、农业合作社等）将生鲜果蔬高效运往指定的集货中心。这些集货中心通常设置在农业区、果业区等地域，以便更有效地收集和处理农产品。

第二阶段，集货中心承担起将处理过的生鲜农产品（经过分级、冲洗、分拣、预冷等处理）批量运往物流中心的重任。这一过程不仅确保了农产品的高效流通，还通过集中处理实现了大批量、高效率、低成本和快速的冷链物流运输。在整个集货过程中，有三个关键节点不容忽视：生鲜农产品的产地、集货中心以及物流中心。它们之间紧密相连，共同构成了农产品冷链物流的前端集货网络。为了进一步提高集货效率，本章将对从生鲜农产品产地至集货中心以及从集货中心至物流中心的运输路径进行深度优化，以确保整个集货过程的高效、顺畅和成本效益最大化。

冷链前端集货运输模式如图 4-9 所示。

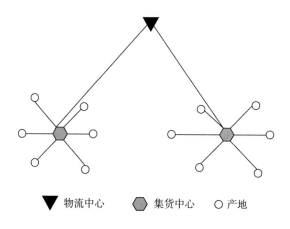

图 4-9　冷链前端集货运输模式

模型特点主要包括以下几点：

第一，实时性：模型能够实时收集和分析数据，预测农产品的运输需求和运输场景，为路径规划提供及时、准确的信息。

第二，多目标性：模型考虑多个优化目标，如运输时间、运输成本、运输风险等，以找到最佳的路径方案。

第三，协同性：模型通过协同配送模型，实现不同供应商之间的集中配送和转运，提高运输效率和降低运输成本。

第四，透明性：利用区块链技术建立的信息共享平台，使农产品的物流运输路径更加透明，便于各方实时了解运输情况并进行优化。

第五，灵活性：模型具有一定的灵活性，可以根据实际情况调整优化目标和约束条件，以适应不同的运输需求和场景。

4.4.2　物流集货配送路径模型构建

配送模式的选择对企业产品交付有重要影响，直接影响产品的配送成本的高低，同时还关系到客户满意度，是订单履约能力的重要保证。为保证客户的满意交付，必须及时采取措施来提升生态链产品的交付模式和时效。因此本章改变原来分散送货的模式，采用集货方式对同一目的仓库的货物进行集中送货，然后再进行配送，并且在对同一目的仓库的工厂进行集货时考虑产品之间的关联性，增加生态链产品约束。改进后的冷链产品集配模式如图 4-10 所示。

从图 4-10 可以看出，针对 M 公司全国仓库配送的需求，优化后的配送模式特别关注了对同一目标仓库来自不同工厂的货物进行集中收集。在这一过程中，不仅深入分析了各工厂的取货时间约束，还综合考量了车队的车辆类型及运载能力。基于这些要素，本章成功构建了一个多车型、多产品的开放式集货—配送模型，并特别在模型中嵌入了生态链产品间的关联性考量，以支持公司生态链产品组合销售的战略规划。通过这一创新模型，M 公司期望在提升配送效率的同时，也能更好地满足市场多元化的需求。

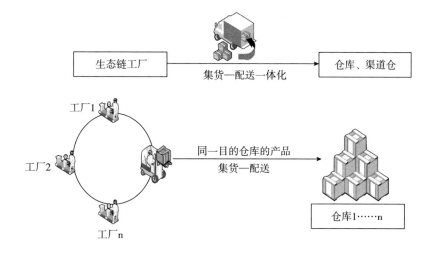

图 4-10　改进后的冷链产品集配模式

4.4.2.1　模型假设

多产品多车型开放式集货—配送优化问题在带时间窗约束下的再定义：在考虑时间敏感性的物流环境下，面临着一个复杂的挑战：如何高效、经济地将多样化的产品从分散的工厂汇集并配送至指定的仓库。这一挑战要求我们利用多种车型的车辆，根据各工厂的具体地理位置、明确的订单需求（包括产品的种类和数量）以及严格的时间窗限制（即货物必须在特定的时间段内送达），制定出一套最优的集货—配送策略。在此问题中，每个工厂的供货种类和数量都是确定的，每台配送车辆的装载能力也是已知的。目标是寻找一种科学、系统的方法，合理规划各工厂、各产品的配送顺序和路径，以最小化整体的配送成本。这不仅需要对车辆类型、装载能力和配送时间进行精细的匹配，还需要充分考虑到生态链产品间的关联性，确保组合销售策略的有效实施。

通过优化这一流程，期望能够显著提升物流效率，降低运营成本，同时确保客户需求的及时满足，从而为公司带来更大的竞争优势。本章做出以下的基本假设：

已知网络布局：所有工厂和需求点的确切数量和地理位置均作为已知

条件，为规划提供基础数据。

车辆特性明确：每种车型的详细信息，包括可用数量、购置成本、平均行驶速度、单位里程成本以及载货容量等，均作为重要参数纳入考量。

装载限制合理：本书假设每辆车在行驶中的装载量不会超过其最大容量，确保行驶安全和效率。

路线预设且稳定：所有车辆的配送路线基于百度地图预先规划，本书假设路况稳定，无临时变化，确保实际配送与计划的一致性。

同型车速度统一：同一型号的车辆在配送过程中享有相同的行驶速度，便于进行时间管理和效率评估。

回路独立无返回：每辆车在一次配送过程中仅服务于一个回路，一旦达到装载约束便直接前往需求点，无需返回车场，提升配送效率。

工厂全面覆盖：所有工厂均须接受运输服务，且服务次数与发往不同需求点的产品数量相对应，确保生产需求得到满足。

成本与能力差异：不同车型在运输能力、固定成本和单位运输成本上存在差异，为选择最优配送方案提供依据。

装卸速度标准化：不考虑车型和产品的差异，我们假设所有产品的装卸速度相同，简化操作复杂度。

载重与体积平衡：在车辆满载时，各工厂产品的总体积和重量均不会超过最大车型车辆的额定载重限制，确保运输安全。

工厂与产品映射明确：每个产品仅由一个特定工厂生产，但一个工厂可以生产多种不同的产品，这反映了生产的专业化和多样性。

4.4.2.2 相关参数及变量定义

在本章探讨的多车型多产品带时间窗的开放式集货—配送路径优化数学模型中，涉及多个参数和变量，这些参数和变量在目标函数及约束条件中发挥着关键作用。以下是这些参数及其具体含义的重新阐述：

I：货物送至同一仓库 n 的工厂集合。

N：所有仓库的集合。$n \in N = \{1, 2, 3, \cdots, n\}$ 这个集合包含了所有需要接收货物的仓库，每个仓库都有一个唯一的标识。

M：产品类型集合。$m \in M = \{1, 2, 3, \cdots, m\}$ 这个集合包含了所有需要配送的产品的类型，每种产品可能由不同的工厂生产，并可能被运送到不同的仓库。

S：车场集合。在本模型中，我们假设只有一个车场 $S = \{0\}$，它是所有配送车辆的出发点和可能的归还点。

R：定义为与仓库 n 相关的工厂、车场和仓库自身的集合。$R = \{0, 1, 2, 3, \cdots, i, n\}$，在这个集合中，0 表示车场，n 表示目标仓库，而其余的元素则是将货物送至该仓库 n 的工厂。这个集合有助于我们更清晰地表示与特定仓库 n 相关的所有实体和它们之间的关联。

Q_{nm}：仓库 n 对产品 m 的需求量，单位为箱。这个参数表示了每个仓库对每种产品的具体需求数量。

B_{jnm}：工厂 j 向需求点 n 供应产品 m 的数量，单位为箱。这个参数指定了每个工厂向每个仓库供应的每种产品的数量。

K：车辆类型集合。$K = \{1, 2, 3\}$ 共三个车型。

G_{km}：产品 m 在车型 k 中的装载比例（归一化至 $[0, 1]$）。

U_1、U_2、U_3：车型 k 的最大装载能力（归一化为 1，实际装载量不超过 0.9）。

f_k：k 车型 k 的启动成本，即每次使用车辆的固定费用，单位为元/次。

c_k：k 车型单位运输成本，单位为元/千米。

v_k：k 车型平均行驶速度，单位为千米/小时。

d_{ij}：工厂 i 到 j 之间的距离，单位为千米。

d_{in}：工厂 i 到仓库 n 之间的距离，单位为千米。

d_{si}：车场 s 到工厂 i 之间的距离，单位为千米。

Q_{kijm}：k 类型车辆从工厂 i 到 j，在工厂 j 装载产品 m 的数量。

t_{inm}：工厂 i 向仓库 n 供应产品 m 的所需装车时间，单位为小时。

t_{ki}，t_{kj}：k 类型车辆从某一节点 i，j 出发时刻。

$[E_i, R_i]$：工厂 i 所期望接收服务的时间范围（最早开始时间和最晚开始时间)。

$[e_i，r_i]$：工厂 i 可接受服务的时间窗口。

∞：如果车辆到达客户点的时间超出可接受时间范围 $[e_i，r_i]$，则产生的惩罚成本，本章设为无穷大值以严格确保时间窗约束。

4.4.2.3 成本分析

对企业而言，实现运输的合理化不仅仅可以提升运输服务品质、增强时效性、减少产品损耗，其核心目标在于显著削减配送成本。本章所构建的目标函数由三个核心部分构成：首先是车辆启动的固定成本，其次是基于行驶距离的运输成本，最后是因未能满足时间窗要求而产生的惩罚成本。通过优化这些成本元素，企业能够有效降低整体配送成本，进而提升竞争力。

（1）固定成本。

在物流配送的环节中，车辆的固定成本涵盖了维护费、折旧费等多个方面。由于这些费用通常与车辆的使用数量直接相关，因此，减少参与运输的车辆数目能够有效降低整体的固定成本。在本章中，我们特指那些实际参与运输的车辆所产生的固定成本（如驾驶员的薪酬、车辆的折旧等），而不涉及那些未参与本公司运输任务车辆的维护或折旧费用。这样，通过精准地管理和优化运输车队，企业能够更精确地控制固定成本，从而提升物流效率并降低成本。本章的固定成本如下：

$$Z_1 = \sum_{k=1}^{K} \left(f_k \cdot \sum_{i=1}^{I} y_{ki} \right) \tag{4-15}$$

（2）运输成本。

在配送流程中，运输成本无疑是占据核心地位的关键成本项，其比重在整体配送成本中尤为显著。本章所探讨的运输成本涵盖了多个环节，具体分为从车场至工厂的初始运输成本、工厂之间的中转运输成本，以及最终从工厂到目的仓库的终端运输成本。通过精细管理这些运输环节，企业能够有效控制并降低运输成本，进而提升整体配送效率。

$$Z_2 = \sum_{k \in K} \sum_{i \in R} y_{ki} \cdot d_{si} \cdot c_k + \sum_{k \in K} \sum_{i \in R} \sum_{j \in R, i \neq j} \sum_{m \in M} x_{kijm} \cdot d_{ij} \cdot c_k + \sum_{k \in K} \sum_{i, j \in I} \sum_{m \in M} x_{kijm} \cdot d_{in} \cdot c_k$$

(4-16)

（3）时间窗惩罚成本。

当配送车辆的取货时间未能满足工厂所设定的时间窗口要求时，将会触发相应的惩罚机制，产生额外的惩罚费用。这些费用旨在确保配送服务符合工厂的时间管理要求，并激励配送团队提高时间管理效率。本章的惩罚费用根据图 4-11 工厂取货时间窗决定。

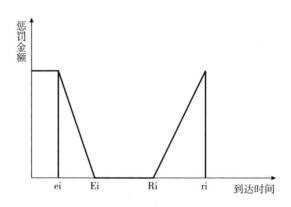

图 4-11 工厂取货时间窗

4.4.2.4 模型构建

综合上述分析，总目标函数旨在实现配送总成本的最小化，这一成本由车辆的固定成本、运输成本以及因违反时间窗限制而产生的惩罚成本共同构成。简而言之，目标是最小化这一总成本，其数学表达式如下：

$$\min Z = Z_1 + Z_2 + F_i(t_{ki})$$

$$= \sum_{k=1}^{k} \sum_{i \in A} f_k \cdot y_{ski} + \sum_{k \in K} \sum_{i \in I} y_{ki} \cdot d_{si} \cdot c_k + \sum_{k \in K} \sum_{i \in I} \sum_{j \in I, \, i \neq j} \sum_{m \in M} x_{kijm} \cdot d_{ij} \cdot c_k +$$

$$\sum_{k \in K} \sum_{j \in I} \sum_{m \in M} x_{kijm} \cdot d_{in} \cdot c_k + F_i(t_{ki}) \tag{4-17}$$

结合实际情况，本章模型有如下几个方面的约束。

流量守恒：

$$\sum_{j \in I, \, i \neq j} x_{kijm} = \sum_{j \in I, \, i \neq j} x_{kjim} \; \forall k \in K, \; \forall m \in M, \; \forall i \in R \tag{4-18}$$

$$\sum_{m=1}^{M} \sum_{n=1}^{N} Q_{nm} = \sum_{i,\,j \in A} \sum_{k \in K} \sum_{m=1}^{M} Q_{kijm} \cdot x_{kijm} \tag{4-19}$$

变量转换：

$$\sum_{j \in R,\, i \neq j} x_{kijm} = y_{ki}, \quad \forall k \in K, \ i \in I \tag{4-20}$$

每个工厂有且仅有一辆车运送：

$$Q_{kijm} = B_{jnm}, \quad i, j \in I, \ m \in M, \ \forall k \in K \tag{4-21}$$

$$\sum_{k=1}^{3} \sum_{i=1}^{I} \sum_{j=1}^{I} x_{kijm} = 1 \tag{4-22}$$

车型数量限制：

$$K_i = \sum_{i=1}^{k} k_i (i = 1, 2, 3) \tag{4-23}$$

时间窗约束：

$$t_{ki} < r_i \ \forall_i \in R, \quad \forall k \in K \tag{4-24}$$

$$t_{kj} = (\max(t_{ki}, e_i) + t_{inm} + d_{ij}/v_k) x_{kijm} \ \forall i \in I, \ \forall j \in R, \ k \in K, \ m \in M \tag{4-25}$$

生态链产品关联约束：

$$x_{kijm1} = x_{kj(j+b)m2}, \quad \forall k \in K, \ i, j \in R \tag{4-26}$$

子回路消除约束：

$$\sum_{i \in S} \sum_{J \in S,\, i \neq j} x_{kij} \leqslant |H| - 1 \quad (\forall H \subseteq I(S \neq \phi), \ k \in K) \tag{4-27}$$

式（4-15）计算了所有参与配送车辆的固定成本总和。

式（4-16）汇总了所有车辆的运输成本，这包括了从车场到工厂、工厂之间转运以及从工厂到最终仓库的所有运输费用。

式（4-17）是我们的核心目标，它定义了配送总成本的最小化，这一成本包含了车辆的变动成本、固定成本以及因违反时间窗限制而产生的惩罚成本。

式（4-18）确保了每个工厂的货物流入与流出量保持平衡，即货物不会在某个工厂内积压或短缺。

式（4-19）确保了所有需求点接收到的货物总量与所有工厂发出的

货物总量相匹配，从而避免了货物短缺或过剩的情况。

式（4-20）进一步约束了车辆路径，确保从工厂 i 到工厂 j 的配送车辆必定途经了相应的用户 i，从而提高了配送的准确性和效率。

式（4-21）和式（4-22）共同确保了每个需求点仅由一辆车从工厂直接运送，禁止了货物的拆分配送。

式（4-23）设定了不同车型的数量上限，确保在配送过程中每种车型的使用量不超过其预设的限值。

式（4-24）规定了车辆到达工厂的时间必须早于工厂能够接受服务的最晚时间，以确保服务的及时性和工厂的正常运营。

式（4-25）详细计算了车辆从工厂 i 到工厂 j 的总耗时，该时间包括了到达工厂 i 的时间、在工厂 j 的工作时间以及两工厂之间的行驶时间。

式（4-26）处理的是产品组合或关联性的配送需求，它要求如果产品 m 和产品 n 需要组合销售或具有关联性，那么它们必须被同一辆车装载并配送。

式（4-27）是一个关于子回路消除的约束，它基于图论中的概念。对于任何工厂点集合的真子集，该公式确保顶点间连通的边数之和小于或等于顶点数减 1，从而防止了配送过程中不必要的循环或重复路径。

4.4.3 前端集货至末端配送全链条决策优化模型

冷链零担物流流程繁复，覆盖从前端货源集结、主干线路运输到最终客户交付的全链条，融合了零担物流与冷链物流的双重特性，专注于确保生鲜产品在特定温度与时间内送达。当前，冷链零担市场呈现出明显的"两端繁重，中间简洁"的特征。其中，前端集货和最终交付环节尤为复杂且管理难度高，面临着行业集中度不足、操作标准化缺失、集货流程繁琐、末端配送时效难以保障、冷链流通效率低下以及物流环节衔接不紧密等一系列挑战。若能成功解决这两端的难题，冷链零担市场将迎来显著的成长与提升。

针对冷链零担物流中集货与配送两端作业繁琐、环节衔接不畅以及冷链流通效率低下等关键问题，本章提出一个两阶段优化模型。在第一阶段，通过构建最低平均离散度模型，旨在识别并优化选择集货点，以提高集货效率。在第二阶段，聚焦于干线冷链运输至末端冷链配送的全链条，构建了一个以总成本最低为目标的路径优化模型。当前，专线型冷链零担物流的运营模式主要分为点对点直达和干线运输转末端配送两种。本章特别关注后者，即干线运输转末端配送的模式，如图4-12所示。在实际操作中，前端供应商分布广泛且送货时间难以统一，这导致了集货作业的时间延长。此外，由于零担商品种类繁多且作业流程复杂，进一步加剧了集货与配送之间的衔接难度，从而影响了配送的时效性，并可能导致客户收到部分损坏的产品。因此，本章提出一个创新的两阶段优化模型。在第一阶段，专注于降低前端集货的离散度，旨在寻找能够最大程度聚集货源供应商的最优集货点，从而提升集货效率。在第二阶段，进一步构建了一个路径优化模型，以最小化包括干线冷链运输和末端冷链配送在内的全链条成本为目标。

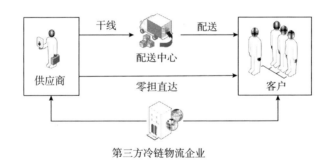

图4-12 冷链零担物流业务模式

为了全面反映前端集货对转配送作业成本的影响，引入了转配送作业成本优化系数。同时，为了确保整个物流链条的高效协同，还将干线运输时间纳入末端的时间窗约束中，实现了前端与末端的紧密衔接。通过这两个阶段优化模型，期望能够显著提升冷链零担物流的整体效率和服务质量，解决当前存在的各种挑战和问题。

4.4.3.1　模型假设与符号说明

模型假设如下：

第一，已知供应商的具体位置，每个供应商负责为客户提供一种特定商品。在集货前，商品由供应商自行运输，相关成本不计入第三方物流企业的冷链零担运营成本。

第二，冷藏车的所有相关参数均为已知。集货完成的零担车辆将直接点对点运输至配送中心，货物到达后即刻装卸并用冷藏车进行后续配送，不考虑在配送中心的滞留或储存情况。

第三，配送车辆从配送中心装载货物后出发，按照预定的顺序完成所有客户点的配送任务，并在完成后返回配送中心。在整个配送过程中，不会临时更改或增加配送任务。

第四，所有客户点的位置、服务时间窗以及订单商品信息均已知。每个客户点的所有商品均由同一辆冷藏车负责配送，且每个客户点仅接受一次服务，不存在缺货或补货的情况。

第五，假设所有生鲜产品属于同一温度存储要求，零担和配送冷藏车的制冷温度设定相同且保持稳定。车辆在整个配送过程中保持匀速行驶，单次配送任务中的装载量严格控制在车辆载重限制内。

模型构建涉及符号定义如下：

P：供应商/商品种类集合，其中 P 包含从 1 到 Z 的整数，Z 表示供应商或商品种类的总数。对于任意 $z \in P$，z 表示第 z 个供应商或第 z 类商品。

C：配送客户点集合，其中 C 包含从 0 到 n 的整数，0 表示配送中心，n 表示配送客户点的总数。对于任意 $i \in C$（且 $i \neq 0$），i 表示第 i 个末端配送客户点。

T：零担车辆总数，t 表示第 t 辆零担车辆。

K：配送车辆总数，k 表示第 k 辆配送车辆。

W_z：供应商 z 所在地址的纬度。

J_z：供应商 z 所在地址的经度。

S_{lat}：最优集货点的纬度。

S_{lgt}：最优集货点的经度。

G_{gx}：零担车辆的额定载重。

G：配送车辆的额定载重。

G_{ij}：配送车辆从客户点 i 驶向客户点 j 途中的装载量。

d_{ij}：客户点 i 与 j 之间的路程距离。

D_i^z：客户点 i 购买的商品 z 的数量。

c_0：零担车辆的固定成本。

c_{gx1}：零担车辆的平均单位距离运输成本。

c_{gx2}：零担车辆的平均单位时间制冷成本。

v_{gx}：零担车辆的行驶速率。

d_{s0}：集货点与配送中心之间的距离。

c_s：单辆配送冷藏车的转配送作业成本（含人工作业费、水电费等其他配送中心运营费用）。

η：转配送作业成本优化系数（$0<\eta<1$）。

c_1：配送车辆的固定成本。

c_2：单位燃油成本。

c_a：配送车辆行驶过程中单位时间制冷成本。

c_b：配送车辆装卸服务过程中单位时间制冷成本。

$\varepsilon_1/\varepsilon_2$：配送车辆空载/满载时的单位里程油耗。

v_{ps}：配送车辆的行驶速率。

t_j：配送车辆到达客户点 j 处的时刻。

s_j：配送车辆在客户点 j 处的服务时长。

e_j/l_j：客户点 j 的左/右时间窗。

φ_1/φ_2：提前/延迟送达的惩罚系数。

θ：因运输颠簸和装卸碰撞造成物理损坏的概率。

M_z：商品 z 的平均单位价值。

σ_1/σ_2：冷链/常温条件下产品的新鲜度衰减系数。

y_{iz}：决策变量，若客户 i 选择供应商 z（购买商品 z），$y_{iz}=1$，否则 $y_{iz}=0$。

y_{ot}：决策变量，若零担车辆 t 从配送中心（0）派遣到集货点参与集货，$y_{ot}=1$，否则 $y_{ot}=0$。

y_{ijk}：决策变量，若客户 i 购买的商品 z 由配送车辆 k 完成配送，$y_{ijk}=1$，否则 $y_{ijk}=0$。

x_{ijk}：决策变量，若配送车辆 k 从客户 i 驶向客户 j，$x_{ijk}=1$，否则 $x_{ijk}=0$。

x_{jk}：0-1 变量，若客户 j 由配送车辆 k 完成配送服务，$x_{jk}=1$，否则 $x_{jk}=0$。

4.4.3.2　模型构建

（1）第一阶段模型构建。

现有车辆配载研究主要侧重于提升车辆的装载率，而对于集货时货源点（即供应商）的分布情况则较少给予重视。在业务实践中，物流企业倾向于让供应商在地理位置上相对于集货点更为集中，以缩短集货时间，提高整体效率；同时，供应商也期望能够靠近集货中心，以减少送货成本。从技术角度出发，当供应商的送货量已知时，结合交通条件和计算简便性的考量，我们可以通过地图服务调取各供应商的经纬度信息，进而估算它们与集货点之间的距离。为了量化供应商相对集货点的聚集程度，引入平均离散度的概念，并可以通过以下步骤进行计算。

为了找到某区域内的最优集货点，可以通过计算该区域内所有供应商的经纬度的平均值来确定。具体计算步骤是：将所有供应商的经度和纬度坐标分别进行加和，然后除以供应商的总数，从而得到平均经度和平均纬度。这两个平均值将作为最优集货点的经纬度坐标。这样的计算方法能够提供一个大致的集货中心位置，有助于物流企业在业务层面和技术层面进行更有效的规划和优化。计算公式为：

$$S_{lat} = \sum_{z=1}^{Z} W_z / Z \tag{4-28}$$

$$S_{lgt} = \sum_{z=1}^{Z} J_z / Z \tag{4-29}$$

为了量化供应商相对于最优集货点的聚集程度，首先计算各供应商与最优集货点之间的欧式距离作为离散度。最优集货点是通过计算区域内所有供应商的经纬度平均值得到的。其次以各供应商的送货量作为权重，计算所有供应商离散度的加权平均值，即平均离散度。平均离散度越低，说明供应商相对于集货点的分布越聚集，从而集货效率越高。

以平均离散度最低为目标，可以将其表示为优化函数。这个函数的目标是找到使平均离散度最小的最优集货点位置。通过调整集货点的位置，我们可以不断优化这个函数，直到找到平均离散度最低的点，从而实现供应商的高效集货：

$$\min f_1 = \sum_{i=1}^{n} y_{iz} D_i^z \sum_{z=1}^{Z} \sqrt{(J_z - S_{lgt})^2 + (W_z - S_{lat})^2} / Z \sum_{i=1}^{n} \sum_{z=1}^{n} D_i^z \tag{4-30}$$

（2）第二阶段模型构建。

在集货完成后，商品将按照预先规划的专线路线运输至配送中心，然后为客户提供城市冷链配送服务。为了优化这一全链条过程，建立一个车辆路径优化模型，其目标函数是确保从干线冷链运输到末端冷链配送整个链条的总成本最低。该模型旨在找到最经济、最高效的配送路径，以满足客户的需求并降低物流成本。

$$\min f_2 = C_1 + C_2 + C_3 + C_4 + C_5 \tag{4-31}$$

干线冷链运输与制冷成本 C_1：

$$C_1 = \sum_{t}^{T} y_{ot} \left(c_0 + c_{gx1} d_{s0} + c_{gx2} \cdot \frac{d_{s0}}{v_{gx}} \right) \tag{4-32}$$

上述各项表达式分别对应干线冷链运输的固定成本、运输油耗成本、制冷成本。

转配送作业成本 C_2：

$$C_2 = (1 - \eta) c_s \sum_{k=1}^{k} \sum_{j=1}^{n} x_{ojk} \tag{4-33}$$

零担商品在到达配送中心后，会被分配到不同的配送冷藏车上进行配送。每辆配送冷藏车在进行转配送作业时会产生一定的成本，我们将其定义为 c_s。为了提升整个配送流程的效率，特别是在前端集货作业与末端配送环节的衔接上，我们需要优化这一过程，使得转配送作业成本得到有效降低。具体来说，我们可以通过引入一个转配送作业成本优化系数 η（$0 < \eta < 1$）来体现这种优化效果，代表了对转配送作业成本降低的程度或比例。

末端冷链配送运输与制冷成本 C_3：

$$C_3 = c_1 \sum_{k=1}^{k} \sum_{j=1}^{n} x_{ojk} + c_2 \sum_{k=1}^{k} \sum_{i,j=0}^{n} \left(\varepsilon_1 + \frac{\varepsilon_1 - \varepsilon_1}{G} G_{ij} \right) d_{ij} x_{ijk} + c_a \sum_{k=1}^{k} \sum_{j=1}^{n} \frac{d_{ij}}{v_{ps}} x_{ijk} +$$

$$c_b \sum_{k=1}^{k} \sum_{j=1}^{n} s_j x_{jk} \tag{4-34}$$

运输成本由固定成本和变动成本两部分组成。在车速恒定的情况下，变动成本主要指的是车辆行驶的燃油成本，它与车辆的行驶时间成正比。制冷成本则包括运输过程中的制冷成本和装卸服务过程中的制冷成本，这两部分都以制冷油耗成本来计算。具体计算公式可以根据实际情况进行设定，但一般来说，制冷成本将取决于制冷设备的功率、运行时间以及燃油效率等因素。

在冷链条件下，生鲜产品在短时间内能够保持较高的新鲜度，几乎不出现腐损现象，且当前广泛使用的泡沫箱包装方式进一步确保了产品在储运过程中的物理完整性。因此，在冷链配送的短途过程中，产品的物理货损和腐损问题可以忽略不计。然而，对于干线运输而言，由于运输时间较长，即使采用冷链技术，生鲜产品的新鲜度仍会随时间发生一定程度的衰减，并可能伴随一定的干耗。为了准确评估这一过程中的货损情况，本章引入了生鲜产品新鲜度衰减函数进行定量分析：

全程冷链运输货损成本 C_5^a：

$$C_5^a = \sum_{i=1}^{n} \sum_{z=1}^{Z} D_i^z M_z \left[1 - \exp\left(-\sigma_1 \frac{d_{so}}{v_{gx}} \right) \right] \tag{4-35}$$

该情景下的货损成本主要来自干线冷链运输中的产品腐损与干耗。

全程常温运输货损成本 C_5^b：

$$C_5^b = \sum_{i,\,j=1}^n \sum_{z=1}^Z D_i^z M_z \left\{ 1 - \exp\left[\left(-\sigma_2 \left(\frac{d_{so}}{v_{gx}} + \frac{d_{ij}}{v_{ps}} + s_j \right) \right) \right] \right\} \qquad (4-36)$$

常温情景中干线运输与末端配送环节均存在货损，且生鲜产品的腐损与干耗更严重。

干线运输断链货损成本 C_5^c：

$$C_5^c = \sum_{i=1}^n \sum_{z=1}^Z D_i^z M_z \left[1 - \exp\left(-\sigma_2 \frac{d_{so}}{v_{gx}} \right) \right] \qquad (4-37)$$

该情景下的货损成本主要来自干线常温运输的产品腐损与干耗，末端冷链配送无货损。

末端配送断链货损成本 C_5^d：

$$C_5^d = \sum_{i=1}^n \sum_{z=1}^Z D_i^z M_z \left[1 - \exp\left(-\sigma_1 \frac{d_{so}}{v_{gx}} \right) \right] + \sum_{i,\,j=1}^n \sum_{z=1}^Z D_i^z M_z \left\{ 1 - \exp\left[- \sigma_2 \left(\frac{d_{so}}{v_{px}} + s_j \right) \right] \right\} \qquad (4-38)$$

该情景下的货损成本主要来自干线冷链运输以及末端常温配送的产品腐损与干耗。

基于上述分析，可以得出以下优化结论：

第一，通过第一阶段优化模型的求解，我们确定了最优的集货点，这使得前端集货的平均离散度降低了18.8%。这一调整使得供应商相对于新集货点的位置分布更加集中，从而提高了冷链零担前端集货的效率。

第二，将最优集货点应用于第二阶段优化模型，我们得到了冷链零担全链条总成本最优的车辆调度方案和配送路径。在这一方案下，客户惩罚成本降低至0，显著提高了客户满意度，这对于企业的长期发展具有积极意义。

第三，对比不同运输情景下的全链条成本，我们发现冷链条件对生鲜产品的流通至关重要。特别是在中长途干线运输中，全程冷链的实施能够使全链条成本降低69.4%，凸显了冷链运输在生鲜物流中的显著优势。

第四，不同品类的生鲜产品因其特性而有不同的适宜储运温度，这导致了其新鲜度衰减系数的差异。因此，冷链企业需要根据不同产品制定相应的储运策略。此外，企业还应制定应急物流预案以应对可能的突发情况，避免运输中断带来的高额成本。

4.5　农产品冷链物流集货满意度模型研究

4.5.1　基于客户满意度的农产品冷链物流集货优化

4.5.1.1　客户满意度定义

客户满意度通常反映了客户对产品或服务实际体验与其期望之间的对比。在农产品冷链物流集货过程中，客户往往是农产品的生产者、合作社或农户。客户满意度受到多重因素的影响。其中，集货的时效性是关键因素之一，它决定了客户是否能够按时送交（售出）所生产的农产品。此外，生鲜农产品的腐败率也是客户非常关注的指标，它直接关系到生鲜农产品的质量和安全。物流企业的服务态度同样重要，友好、专业的服务能够提升客户的满意度。收费标准也是客户考虑的重要因素之一，合理的价格能够增加客户的信任度和满意度。综合这些因素，冷链物流企业需要全面提升其服务水平，以满足客户的需求和期望。

（1）集货的时效性。

随着农产品冷链物流行业的迅猛发展，农产品集货时效性在塑造客户满意度方面扮演着愈发重要的角色。物流企业能否精准把握时间，确保在客户期望的期限内收集预定数量和种类的生鲜农产品，已成为衡量其服务质量和客户体验的关键指标。

（2）生鲜农产品的腐败率。

生鲜农产品由于其易腐特性，对物流企业的运输要求极高。确保生鲜农产品的新鲜度不仅是物流企业的职责所在，更是对消费者健康负责的表现。在采用专有车辆进行低温运输的过程中，任何可能导致车厢内外温度差增大的操作不当、装卸搬运过程中的疏忽以及集货时间的过度延长，都会增加产品腐坏的风险，进而降低客户的服务体验。因此，物流企业必须严格把控每一个环节，确保冷链产品的新鲜与安全，保持生鲜农产品价值的延续。

（3）物流企业的服务态度及收费标准。

客户满意度在很大程度上受到冷链物流企业服务态度的影响。服务态度的好坏直接关系客户对物流企业的整体印象。同时，收费标准也是客户考虑的重要因素之一，它直接决定了客户需要支付的费用。合理的收费标准不仅能够保障物流企业的正常运营，还能够让客户感受到良好的性价比，从而提高客户满意度。

在冷链集货和配送中，冷链品的腐败率是一个必须严加控制的指标。本章通过目标函数中加入货损成本来定量分析腐败率的影响，以确保冷链品在运输过程中的新鲜度。而集货时效性是影响客户满意度的另一个重要因素。通常，集货时效性是通过客户要求的集货时间区间来衡量的，物流企业需要在规定时间内准确、及时地完成集货任务，以满足客户的需求和期望。

因此，在冷链集货服务前，物流企业会与客户提前协商好相关费用，并控制在双方都可以接受的范围内。同时，物流企业还需要加强服务态度的提升，确保在集货过程中为客户提供优质的服务体验。

4.5.1.2 问题描述与分析

农产品冷链物流集货实际上可看作是冷链配送的逆向活动，把集货的合作社或农户看作是配送点、把冷链仓库看作是集货中转冷库。其原理与冷链配送路径优化一样，而带时间窗的冷链物流动态路径优化问题（CS-DVRPTW），旨在提升客户满意度，并同时优化总成本。在问题设定中，一个集货中转中心负责为多个用户提供集货服务，这些服务通过配备制冷设备（包括常温区、冷藏区和冷冻区）的冷藏车来执行。根据客户的合同需求，冷藏车从集货点收集、装载相应温度的货物后出发，并考虑实际行驶过程中的交通拥堵，以实时速度依次到各集货点，最后回到集货中转中心。

在初始阶段，根据客户的需求（如位置、合同量、时间窗等）以及温度限制和时间窗约束，制定静态的车辆路径方案。然而，在集货任务执行过程中，客户需求可能发生变化，包括客户位置、集货量的调整、时间窗的变动，甚至新客户的出现。为了应对这些动态变化，集货中心需要实时监控这些信息，并在合适的时间段内作出反应。

对动态变化的处理，集货中心可以通过两种方式：一是对已有线路进行动态调整，以适应新的客户需求；二是派出新的冷藏车以满足新增需求。最终目标是通过选择合适的车辆路径，实现客户满意度的最大化，同时确保总成本的最小化。

与经典的 VRP 相比，CSDVRPTW 具有以下几个显著特征：

第一，目标函数的多维度性。CSDVRPTW 不仅关注行驶距离的最小化，作为冷链物流的特殊需求，它还涵盖了货损成本、制冷成本及碳税成本等多重因素。其目标函数旨在实现总成本的最小化以及客户满意度的最大化，这与经典 VRP 问题中单纯追求距离最短的目标显著不同。

第二，实时动态性。传统的静态 VRP 问题假设行驶速度是恒定的，而 CSDVRPTW 则考虑到实时交通路况，其速度参数随时间、需求、时间窗以及地址的变化而变化，这使得问题更加贴近实际运输情境。

第三，决策适时性。CSDVRPTW 在预优化阶段基于初始客户信息规划车辆行驶路径，然而当新需求出现时，它要求系统能够实时更新车辆集货状态，并在适当的时间节点处理这些动态信息，以确保能够合理安排车辆为客户提供服务。

第四，求解的高复杂性。由于 CSDVRPTW 需要根据动态信息对车辆行驶路径进行多次优化调整，其求解难度远超静态 VRP 问题。为了有效解决这一 NP 难问题，需要设计高效且合理的求解策略和算法流程，以提高求解效率并优化决策质量。

4.5.1.3 客户满意度计算

在农产品冷链物流集货中，客户满意度的水平主要受到生鲜农产品腐败率和集货时效性的影响，而这两者都与集货时间息息相关。鉴于集货时间对客户满意度的重要性，本章在构建集货成本模型时特别纳入了货损成本这一要素。为了更精确地量化客户满意度，进而采用了一种模糊描述方法，即通过分析集货到达时间与客户指定时间窗的匹配程度来评估客户满意度。具体来说，利用如图 4-13 所示的客户满意度函数，将每个客户的满意度转换为 0~1 的数值，以此来实现对客户满意度的精确衡量。

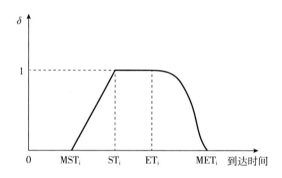

图 4-13　客户满意度函数

在农产品冷链物流集货中，客户的满意度与集货时间紧密相关。当集货车辆在客户 i 指定的时间 [ST_i，ET_i] 内到达，且冷链品未产生任何损耗时，客户的满意度达到最高值 1。然而，如果集货车辆在 [MST_i，ST_i] 时刻到达，客户满意度将随时间的推移而逐渐降低。当车辆超过客户要求的 [ET_i，MET_i] 时间点，即在 ET_i 时刻到达时，由于生鲜农产品的价值随时间推移而下降，客户的满意度将呈现指数形式的急剧下降。最糟糕的情况是，如果集货车辆在 MST_i 之前与 MET_i 之后到达，客户将取消约定无法完成集货，此时客户的满意度将降至最低值 0。

则客户 i 的满意度函数 $\delta(i)$ 为：

$$\delta(i) = \begin{cases} 0, & t_i < MST_i \\[2mm] \dfrac{t_i - MST_i}{ST_i - MST_i}, & MST_i \le t_i < ST_i \\[2mm] 1, & ST_i \le t_i < ET_i \\[2mm] \dfrac{(t_i - ET_i)^a}{(MET_i - ET_i)}, & ET_i \le t_i \le MET_i \\[2mm] 0, & t_i > MET_i \end{cases} \tag{4-39}$$

在实际的物流集货操作中，确保客户满意度的同时，必须对每位客户的价值进行细致评估。客户的价值评估涉及多个维度，包括但不限于订单量的多少、是否存在未支付的配送费用、冷链运输的成本以及客户带来的利润等。本书基于过往订单的执行记录、合同期限的长短以及新客户的反馈评价，对集货中心的客户进行了分类，具体分为一级客户、二级客户和三级客户，其中一级客户的重要性最高，而三级客户的重要性相对较低。这一分类体系有助于更精准地分配资源，优化服务质量，从而提升整体客户满意度。

本书的客户总体满意度评估体系由两个核心要素构成：客户的关键性等级以及客户满意度函数。在此框架下，针对不同级别的客户实施差异化权重分配策略。具体而言，对于第 i 位客户，设定了其满意度权重为 $\theta(i)$，并定义了其满意度函数为 $\delta(i)$。据此，计算得出每位客户的满意度指标。

$$Z^1 = \sum_{i=1}^{n} \theta(i)\delta(i) \tag{4-40}$$

$$\theta(i) = \begin{cases} a, & \text{一级客户} \\ b, & \text{二级客户} \\ c, & \text{三级客户} \end{cases} \tag{4-41}$$

其中，a>b>c 且 a+b+c=1。

4.5.1.4 路况较差时车辆行驶时间

在机动车辆行进的过程中，诸多不可预测的因素，如道路中断、路况较差、突发性交通事故以及极端气候条件等，均会导致不同时间段内各条道路上的车辆速度出现显著差异。鉴于此，为了应对路况问题，进行科学合理的行车路线规划显得尤为重要。通过预先识别并规避那些路况较差的路段，不仅能显著减少物流配送的经济成本，同时也有助于促进能源的节约和环境的保护。

有学者采用动态路阻和三角概率分布函数等先进技术，以实现车辆速度的动态调整，从而更准确地模拟实际道路条件。为了进一步提高车辆行驶速度的现实性，本章提出了一种每半小时更新一次客户间平均行驶速度的策略，以此评估不同时间段内配送路线的路况。具体而言，本章利用集货中心提供的过去 7 天内，同一时间段内冷藏车在相同客户间集货的平均速度数据，作为该时间段内两客户间冷藏车平均速度的基准。例如，如果客户 i 和客户 j 在 8：30~9：00 这一时段的前一周内，冷藏车的行驶速度分别为 V_1、V_2、V_3、V_4、V_5、V_6、V_7，那么客户 i 和客户 j 在 8：30~9：00 这一时段当天的冷藏车行驶速度将通过特定的计算公式得出：

$$V_{ij} = \frac{\sum_{k=1}^{n} V_k}{n}, \ n = 7 \tag{4-42}$$

客户 i 与客户 j 早上 8：00~11：00 的冷藏车行驶速度示意图如图 4-14 所示。

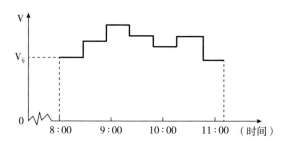

图 4-14 8：00~11：00 冷藏车行驶速度示意图

在精确计算车辆行驶时间时，我们采用当前时段内的固定速度作为基准。若车辆在规定时间内未能抵达下一个客户点，则将继续以半小时为单位，保持恒定速度行驶，直至成功到达目的地。具体而言，当冷藏车在时间点 t_1 从客户 i 启程前往客户 j，且两者间距为 d_{ij}，t_1 车辆在时间段 $[t_m, t_{m+1}]$ 内保持速度 V_m 不变，那么客户 i 至客户 j 的行驶时间 T 将遵循图 4-15 中详细阐述的计算步骤进行精确估算。这一流程确保了行驶时间的准确性和可靠性，为物流规划提供了科学依据。

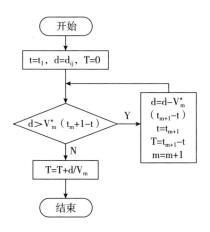

图 4-15　计算车辆行驶时间流程图

4.5.1.5　动态路径更新策略

（1）虚拟关键点。

在集货过程中，客户需求的动态变化是一种常见现象，这包括客户位置的变动、集货量的调整、时间窗口的变化以及新需求的产生。为了应对这些变化，本章提出了一种基于局部优化策略的路径更新方法。该方法分为两个主要阶段：预优化阶段和实时优化阶段。预优化阶段涉及在所有集货车辆出发前，基于已知的初始客户信息对集货路线进行优化。而实时优化阶段则是在集货过程中，根据动态变化的信息，选择合适的时机对车辆行驶路线进行调整，以实现整体集货目标的最优化。在处理这些动态需求时，客户被划分为两类：已服务客户和未服务客户。对于已服务的客户，其车辆路径的调整不会对其产生影响；而对未服务的客户，其车辆路径则需要根据最新的动态信息进行重新优化。在学术研究中，多数研究者倾向于通过设定关键点来区分这两类客户，从而更有效地进行路径的优化和调整。

在实时优化过程中，针对动态需求的处理，采取了一种精细化的策略。具体而言，当车辆正在执行对某一客户的运输任务时，该客户即被视为关键点。一旦该任务完成，车辆开始向下一客户 j 的位置移动时，即将到达的客户 j 便成为新的关键点。基于这些关键点的划分，可以清晰地将客户群体分为两类：一类是已经接受服务的客户，另一类是即将接受服务的客户。这种分类有助于我们更有效地管理资源和优化服务流程。

如图 4-16 所示，在信息更新时刻，集货车辆正处于前往客户 j 的途中。此时，集货车辆距离新客户 k 的距离较其距离客户 j 更近。若以客户为关键点进行路径更新，车辆必须先访问客户 j，再绕道至新需求点 k，这将导致不必要的行驶距离增加。为此，本章创新性地引入了虚拟关键点的概念。在路径更新过程中，将集货车辆当前位置设为虚拟关键点，并重新规划未服务客户的路径。这一策略能够确保车辆优先访问距离最近的客户，从而显著减少不必要的绕行距离，提高集货效率。

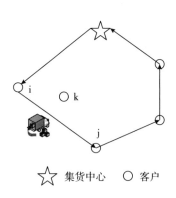

图 4-16 虚拟关键点

在图 4-17 和图 4-18 中，展示了仅通过一次实时优化所引起的车辆配送路径的显著变化。最初，配送路径设定为两条：一条是从 0 出发，经过 1、2、3、4，最终返回 0 的路线；另一条是从 0 出发，依次经过 5、6、7、8，然后返回 0。然而，在实时优化过程中，当路径 1 的车辆位于 0-1 段时，由于客户 3 的时间窗突然提前，我们不得不以冷藏车的当前位置作为一个虚拟关键点，重新规划路径，最终调整为：0-1-3-2-4-0。同样地，在另一次实时优化中，新客户 9 的加入促使我们再次以冷藏车位置为虚拟关键点，重新设计路径，优化后的路径变为：0-5-6-虚拟关键点-9-7-8-0。这一系列调整确保了配送效率和客户满意度的最大化。

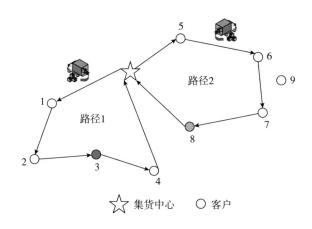

图 4-17　实时优化前车辆集货路径

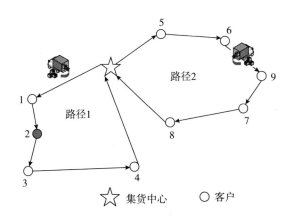

图 4-18　实时优化后车辆集货路径

（2）动态信息处理流程。

在实时优化阶段，面对客户需求的不断演变，系统必须对现有的配送路径进行即时的调整。然而，若每一次需求的微小变动都触发一次全面的动态路径调整，这将不可避免地导致冷链配送中心的调度成本急剧上升。另外，若动态调整的响应速度迟缓，无法及时满足客户的需求变化，这将直接影响客户的满意度和忠诚度。因此，系统必须在确保成本控制的同时，还要保证调整的及时性和准确性，以维持高效的集货和客户满意度。

基于上述考量，本章提出了一种将动态信息的定量分析与定时分析相结合的方法，旨在全面满足客户的紧迫需求，并在此基础上，精心挑选出最适宜的动态信息处理时间点。为了清晰展示这一过程，图 4-19 详细描绘了确定动态信息处理时刻的完整流程。

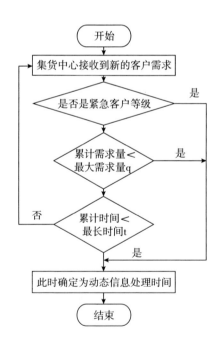

图 4-19 动态信息处理时刻流程

在集货转运中心的日常运营中，每当新的客户需求被接收，系统会严格评估多个关键因素以决定何时进行动态信息处理。这些因素包括紧急客户的优先级、自上次信息处理以来累积的需求量，以及累积的处理时间。为了确保服务的及时性和效率，集货中心会根据客户的重要性及其需求时间窗与当前车辆位置的关联性，对紧急客户进行分类。具体而言，紧急客户通常包括以下几类：

一是具有高价值的顶级客户；二是新客户，当他们与冷藏车的距离比冷藏车到下一个预定集货点的距离更近时的客户；三是当冷藏车从配送中心出发，以平均速度前往时间超过了客户的期望最晚交货时间的客户。通过这种细致的分类和评估，配送中心能够确保对紧急客户的需求做出快速且准确的响应。

在深入探讨虚拟关键点局部优化路径更新策略以及动态信息处理时刻的确定后，我们发现实时优化阶段路径更新的核心在于将动态信息处理周期内的车辆动态规划转变为瞬时的静态车辆路径问题（VRP）。本章所提出的两阶段优化模型流程，已在图 4-20 中详细展示。这一模型不仅确保了路径更新的实时性，还通过将动态问题静态化，简化了优化过程，提高了效率。

4.5.1.6 模型构建

（1）模型假设。

第一，农产品前端集货网络的核心是一个单一的集货中心（冷库），所有冷藏车辆均由此出发，并在完成集货任务后返回此中心。

第二，集货中心及所有客户的具体位置是已知的，同时，客户的需求量、所需货物的温度要求以及时间窗口均已明确。

第三，集货中心拥有充足的配送车辆资源，车辆数量不受限制。

第四，所有集货车辆均采用标准化设计，有常温、冷藏和冷冻三种配置，且各种车辆数量保持一致。

第五，冷藏车辆在回到集货中心时，处于满载状态。

第六，在集货过程中，我们仅考虑产品的质量，而不考虑其形状和尺寸。

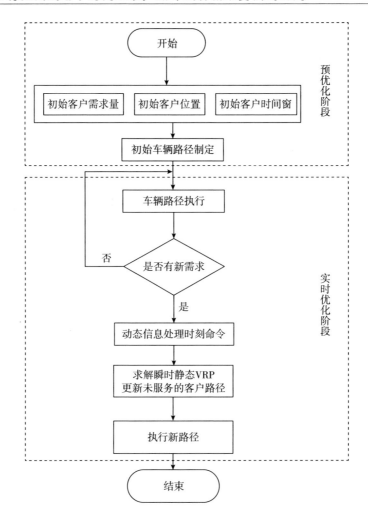

图 4-20　两阶段优化模型流程

第七，集货中心能够即时响应并处理所有新出现的客户需求，确保及时完成物流配送服务。

第八，对于同一客户提出的不同温度要求的订单，必须由同一辆冷藏车负责接货。

第九，每个客户在配送过程中仅接受一次服务，确保服务的专一性和高效性。

（2）变量定义。

本章模型构建的相关变量说明如下：

$N=\{0，1，2，\cdots，n\}$：集货中心与 n 个客户点集合。

$0，n+1$：集货中心。

$K=\{1，2，\cdots，m\}$：全部集货车辆集合。

$H=\{1，2，\cdots，r\}$：全部货物温区的集合。

d_{ij}：任意两个客户间的距离。

Q_{hk}：车辆 k 中 h 温区的车辆容量。

b_k：车辆 k 的发车成本。

q_{ih}：客户 i 对 h 温区货物的需求量。

e_{k1}/e_{k2}：车辆 k 空载/满载时行驶单位距离所需要的油耗成本。

e_{k3}：车辆 k 单位货物价值成本。

e_{k4}：车辆 k 单位制冷剂成本。

S_{kw}/S_{kn}：车辆 k 车体外/体内表面积。

m_{kh}：车辆 k 保证 h 温区货物温度所需的制冷剂数量。

p_{ijk}：车辆 k 从客户 i 到客户 j 的实际装载率。

$\varepsilon_1/\varepsilon_2$：运输/装卸过程中冷链产品的腐败率。

γ：车体的热传导系数。

w_{ijk}：车辆 k 从客户 i 到客户 j 的实际运输量。

S_i：集货车辆在客户 i 的服务时间。

t_{ijk}：车辆 k 从客户 i 到客户 j 的行驶时间。

t_i：集货车辆到达客户 i 的时间点。

$[ST_i，ET_i]$：客户 i 要求的时间窗。

$[MST_i，MET_i]$：客户 i 可接受的时间窗。

$$x_{ijk}=\begin{cases}1，车辆\ k\ 从客户\ i\ 到客户\ j\\0，否则\end{cases}$$

$$y_{ihk}=\begin{cases}1，车辆\ k\ 为客户\ i\ 提供\ h\ 温区货物\\0，否则\end{cases}$$

（3）目标函数及处理。

本章在分析冷链物流各项成本的基础上，将目标函数确定为 6 项总成本最小及客户满意度最大，计算公式如下：

$$\min Z = Z_1 + Z_2 + Z_3 + Z_4 + Z_5 + Z_6 \qquad (4-43)$$

$$\max Z^1 \qquad (4-44)$$

1）车辆固定成本。

当集货中心派出冷藏车进行集货时，会有相应的成本产生，被称为固定成本。每辆车的发车成本为 b_k，则车辆的固定成本为：

$$Z_1 = \sum_{k=1}^{m} \sum_{i=1}^{n} b_k x_{oik} \qquad (4-45)$$

2）运输成本。

冷链物流中冷藏车集货过程中会产生油耗成本，油耗成本与车辆的实际载重量成正比，p_{ijk} 为实际装载率，则车辆的运输成本为：

$$Z_2 = \sum_{i=0}^{n} \sum_{j=0}^{n} \sum_{k=1}^{m} d_{ij} x_{ijk} (e_{k1} + p_{ijk} (e_{k2} - e_{k1})) \qquad (4-46)$$

3）货损成本。

冷链物流与常规货物运输存在显著差异，其运输过程对温度波动极为敏感。本章研究采用传统的多温共配车辆，其货物损失成本由两个主要部分构成：首先，装卸货物时频繁开启和关闭车门导致温度波动，进而引发货物损失；其次，集货过程中，货物的自然呼吸作用、已发生质变的货物以及其他多种因素均可能导致货物出现不同程度的腐败，从而增加货物损失。为精确评估货物损失程度，本章引入了指数型腐败函数，其中 $M = e^{-\varepsilon t}$ 代表腐败速率，M 表示产品质量随时间的变化率，通过这些参数，可以定义货损系数为 $M_1 = 1 - e^{-\varepsilon t}$。此外，车辆 k 在从客户 i 至客户 j 的运输过程中，其实际运输量为 w_{ijk}，而 e_{k3} 则代表车辆 k 每单位货物的价值成本。基于这些参数，集货过程中的货物损失成本可被精确计算：

$$Z_3 = \sum_{i=0}^{n} \sum_{j=1}^{n} \sum_{k=1}^{m} x_{ijk} w_{ijk} e_{k3} (1 - e^{-\varepsilon_1 t_{ijk}}) \qquad (4-47)$$

在车辆抵达客户指定地点进行装卸作业时，由于装卸活动导致车厢内冷空气与外部热空气发生交换，这种对流现象会显著降低货物的新鲜度，并可能引发货物损坏。因此，装卸环节中的货物损失成本需要被严格计算和考虑：

$$Z_4 = \sum_{i=0}^{n} \sum_{j=1}^{n} \sum_{k=1}^{m} \sum_{h=1}^{r} q_{ih} x_{ijk} e_{k3} (1 - e^{-\varepsilon_2 s_i}) \qquad (4-48)$$

4）制冷成本。

在冷藏运输过程中，必须确保车辆内部始终保持所需的低温状态。这一过程中，制冷剂的使用是不可或缺的，但同时也伴随相应的经济成本。具体而言，车辆的有效制冷面积被定义为 $S = \sqrt{S_{kw} S_{kn}}$，而车体的热传导系数则设定为 γ。基于这些参数，我们可以计算出在整个运输过程中所需的制冷成本：

$$Z_5 = \sum_{i=0}^{n} \sum_{j=1}^{n} \sum_{k=1}^{m} \sum_{h=1}^{r} e_{k4} m_{kn} \gamma S x_{ijk} t_{ijk} \qquad (4-49)$$

5）碳税成本。

在冷藏车辆的运行过程中，其产生的碳排放对环境造成了污染。本章将依据这些排放的规模来评估相应的碳税负担。在国际上通行的碳税标准下，若单位时间内车辆的碳排放量被定义为 P，那么在整个运输期间，所需支付的碳税金额将通过以下方式计算，采用统一的碳税税率 E，运输过程中的碳税成本将直接与排放量 P 成正比：

$$Z_6 = \sum_{i=0}^{n} \sum_{j=1}^{n} \sum_{k=1}^{m} E P t_{ijk} \qquad (4-50)$$

本章旨在同时达成两个目标，为了简化求解过程，采用了线性加权求和的方法将这两个目标整合为一个单一目标。第一，面对客户满意度最大化与成本最小化这两个相互矛盾的求解方向，本章通过式（4-37）巧妙地将提升客户对集货过程的满意度这一目标，重新定义为减少客户的不满意度，从而统一了求解的逻辑和方向。这一策略不仅简化了问题的复杂性，也使得优化过程更加直观和高效：

$$\min Z^{1*} = \min\left(1 - \sum_{i=1}^{n} \theta(i)\delta(i)\right) \qquad (4-51)$$

第二，双目标函数处理。经过严谨的分析与计算，确定了最小值的统一解。随后，我们采取了一种策略，即将原本的双目标函数通过赋予不同的权重，巧妙地转化为单一目标函数的问题。在这一过程中，引入了变量 Z^s 来表示经过转化后的目标函数。变量 Z^{1*} 的取值被限定在 $0 \sim 1$，其在总目标函数 Z^s 中的比重相较于 Z 而言较为有限。为了增强变量 Z^{1*} 在目标模型中的影响力，采用了乘以一个调整因子 σ 的方法，该因子在本章被设定为 1000。最终得到一个经过精心调整的目标函数，该函数不仅体现了各变量的权重，还确保了模型的高效性和准确性：

$$\min Z^s = \mu_1 Z + \mu_2 \sigma Z^{1*} \tag{4-52}$$

（4）两阶段动态路径优化模型。

本章旨在通过严谨的方法论，追求总成本的最小化与客户满意度的最大化，作为路径优化的核心目标。在这一过程中，总成本的构成涵盖了所有相关费用。因此，我们构建的优化模型，旨在精确反映这些关键因素，确保在成本控制与客户体验之间找到最佳平衡点。

$$\min Z^s \tag{4-53}$$

s. t.

$$\sum_{i=1}^{n} q_{ih} y_{ihk} \leq Q_{hk}, \ h = 1, \ 2, \ \cdots, \ r; \ k = 1, \ 2, \ \cdots, \ m \tag{4-54}$$

$$\sum_{h=1}^{r} \sum_{k=1}^{m} y_{ihk} = 1; \ i = 1, \ 2, \ \cdots, \ n \tag{4-55}$$

$$\sum_{i=1}^{n} x_{ijk} = y_{ihk}, \ j = 1, \ 2, \ \cdots, \ n; \ h = 1, \ 2, \ \cdots, \ r; \ k = 1, \ 2, \ \cdots, \ m \tag{4-56}$$

$$\sum_{j=1}^{n} x_{ijk} = y_{ihk}, \ i = 1, \ 2, \ \cdots, \ n; \ h = 1, \ 2, \ \cdots, \ r; \ k = 1, \ 2, \ \cdots, \ m \tag{4-57}$$

$$\sum_{j=1}^{n} x_{ojk} = \sum_{i=1}^{n} x_{i(n+1)k}, \ k = 1, \ 2, \ \cdots, \ m \tag{4-58}$$

$$MST_i \leq t_i \leq MET_i, \ i = 1, \ 2, \ \cdots, \ n \tag{4-59}$$

$$w_{ojk} = x_{ojk} \sum_{h=1}^{r} Q_{hk}, \quad k = 1, 2, \cdots, m \tag{4-60}$$

式（4-54）明确规定了车辆 k 在运输 h 温区的货物时，其总量不得超过该车辆针对 h 温区货物的最大承载能力。这一约束确保了车辆在运输过程中的安全性和效率。

式（4-55）明确指出，客户 i 必须且只能由一辆特定的冷藏车提供配送服务。这一规则确保了服务的专一性和质量控制。

式（4-56）和式（4-57）共同规定，一旦车辆完成对某一客户的集货任务后，必须从该客户的地点驶出。这一要求确保了车辆流动的合理性，即驶入的车辆数量必须与驶出的车辆数量相等。

式（4-58）设定了冷藏车的行驶路径，即必须从集货中心出发，并在完成所有集货任务后返回集货中心。这一规定保证了车辆管理的集中性和效率。

式（4-59）定义了客户所能接受的服务时间窗口，确保了集货的时间安排能够满足客户的特定需求。

式（4-60）规定了冷藏车在回到集货中心时必须是满载状态。这一要求确保了运输效率的最大化，同时也符合物流管理的最佳实践。

4.5.2　基于集货人员满意度的农产品冷链物流集货优化

在探讨人员满意度的概念时，我们可以将其细分为四个主要类别：首先，工作要素感知型，这一类型侧重于员工对工作本质及其相关方面的内在满足感，包括工作内容、环境以及人际关系等。其次，需求满足感知型，这种类型关注员工的实际体验与他们的期望之间的差距，这种差距与员工的个人特质和过往经历紧密相关，而期望值则反映了员工在需求未得到满足时的心理需求。再次，参考架构感知型，它涉及员工对自己工作投入与产出之间的比较，以及与同事的比较感知。最后，综合感知型，这种类型涉及员工对自己在企业中所扮演角色的整体情感体验。

本章认为，人员满意度通常受到五个关键因素的影响：工作环境、工作回报、工作关系、企业管理以及个人观念。这些因素共同作用构建了一个评价农产品冷链物流集货人员工作满意度的综合指标体系。通过深入分析这些因素，我们可以更准确地理解和提升员工的工作满意度，从而促进企业的整体绩效和员工的个人发展。

在探讨员工满意度与工作效率之间的复杂关系时，必须认识到这种关系并非单一或直接的。尽管员工满意度与工作效率之间存在某种程度的内在联系，但这种联系并非总是显而易见或必然的。实际上，这种关系可以通过员工在具体工作环境中的表现来细分为四种不同的情形，这一点在图表 4-21 中得到了清晰的展示。通过深入分析这些情形，可以更准确地理解员工满意度如何影响工作效率，以及在何种情况下这种影响最为显著。这种分析对于管理者来说至关重要，因为它有助于制定更有效的策略来提升员工的工作表现和整体的工作环境。

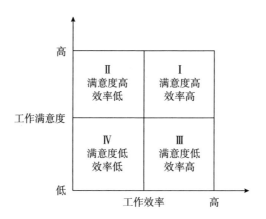

图 4-21 员工工作满意度与工作绩效的关系

4.5.2.1 问题描述

在过去的物流配送或集货车辆调度研究领域，研究者们往往聚焦于如何使配送（集货）总成本降至最低，或是追求配送（集货）时间与距离的最小化。然而，随着社会的进步和技术的革新，研究的重心逐渐转向了行为主体的考量。特别是在物流配送（集货）路径选择问题（Vehicle Scheduling Problem，VSP）的研究中，越来越多的学者开始从提升客户满意度的视角出发，探讨解决方案。

鉴于此，本章提出了一种新的研究视角，即从集货人员的满意度出发，构建一个综合考虑配送成本最小化、客户满意度最大化以及集货人员满意度最大化的 VSP 模型。这一模型的核心在于，除了传统的经济和效率目标外，还将集货人员的满意度作为同等重要的目标纳入考量，从而形成一个更为全面和人性化的调度策略。通过这种方式，不仅能够优化农产品冷链物流集货的效率和成本，还能够提升集货人员的工作满意度和整体服务质量，进而增强客户的整体满意度。这种综合考虑多方利益相关者的模型，有望为物流配送（集货）领域的研究和实践带来新的启示和改进方向。

在严谨的集货网络架构中，仅设有一处集货中心，该中心配备有大量同型号的集货车辆，确保能够满足整个区域内所有客户的货物需求。每辆集货车辆均从集货中心出发，前往各个不同地点为客户提供集货服务。一旦完成集货任务，车辆将返回集货中心。在此过程中，每个客户需求点将由一名集货人员和一辆集货车辆专门负责，而同一集货人员和车辆则可服务于多个客户点。我们的目标是，在确保配送任务高效完成的同时，达到预设的客户满意度标准，并兼顾集货人员的满意度，以及尽可能降低集货车辆的总体运营成本。

4.5.2.2　模型假设

第一，集货网络的核心是一个单一的集货中心。该中心负责所有车辆的调度，确保每辆车从中心出发，按照既定路线为各客户需求点提供服务，并在完成任务后返回原点。

第二，集货中心配备的车辆均为同一型号，确保操作的一致性和效率。所有集货的产品保持一致，且集货中心拥有充足的车队，足以满足所有客户的集货需求。

第三，每个客户需求点将由一名集货人员驾驶一辆车进行服务。一名集货人员和一辆车可以服务多个客户需求点，确保服务的连贯性和效率。

第四，集货中心已全面掌握客户的需求量、集货地点、集货时间范围以及各需求点之间的距离，确保集货计划的精确执行。

第五，客户的产品送交量严格控制在集货车辆的最大载重量之内，同时集货中心的收货量完全满足所有客户的需求，确保不拒收。

第六，在集货过程中，不考虑任何突发事件的影响，如车辆故障或客户不守时等，以维持集货流程的顺畅。

第七，不考虑运输网络中对车辆运行时间的任何限制，确保集货活动的自由度和灵活性。

4.5.2.3 集货人员满意度的指标体系构建

在深入分析集货人员工作实践的基础上，本章旨在深入挖掘影响其工作满意度的关键因素，并探讨这些因素间的内在联系。此外，本章遵循评价指标体系构建的基本原则，设计了一套详尽的评价指标体系，该体系如表4-8所示，旨在为集货人员的工作满意度提供一个全面而精确的评估框架。通过这种方法，不仅能够更准确地理解集货人员的工作状况，还能为提升其工作满意度提供科学依据。

表4-8 物流企业集货人员满意度指标体系

一级指标	二级指标
工作条件	工作配备
	安全性
	薪酬待遇
工作群体	协作融洽度
	等待客户时间
工作内容	劳动强度
	信息相关度
企业背景	企业发展前景
	地区发展前景
	企业发展状况

续表

一级指标	二级指标
自我评价	工作态度
	身体健康状况

4.5.2.4　集货人员满意度的模糊隶属度表述

在深入探讨集货人员满意度的量化分析时，首先确定了三个关键指标，这些指标对满意度的影响尤为显著。这些指标包括工资待遇、劳动强度以及协作融洽度。为了确保后续模型构建的准确性和有效性，采用了模糊隶属度分析法，通过这种科学的方法，将这些原本难以量化的主观感受转化为具体的数值，从而能够将其纳入到 VSP 模型中进行系统性的研究。

采用模糊隶属度分析法，对物流集货员工的服务满意度进行精确量化，其结果表现为一个 0~1 的数值区间。本章将详细阐述三个关键指标，通过这些指标来具体衡量和描述员工的满意度水平：

（1）工资待遇。

用 $W_p(P_e)$ 表示物流集货人员的模糊满意度，则物流集货人员 e 满意度的模糊隶属度函数用工资待遇 P_e 所描述如下：

$$W_p(P_e) = \begin{cases} \dfrac{P_e}{P_{He}} & P_e \in (0,\ P_{He}) \\[2mm] 1 & P_e \in [P_{He},\ \infty] \end{cases} \qquad (4\text{-}61)$$

（2）劳动强度。

通过选用物流集货人员的运输距离，对集货人员满意度进行模糊表述。用 $W_L(L_e)$ 表示物流集货人员的模糊满意度，物流集货人员 e 满意度的模糊隶属度函数用劳动强度 L_e 所描述为：

$$W_L(L_e) = \begin{cases} 1 & L_e \in [0,\ L] \\ (L_{max}-L_e)/(L_{max}-L) & L_e \in (L,\ L_{max}) \\ 0 & L_e \in [L_{max},\ \infty] \end{cases} \qquad (4\text{-}62)$$

（3）协作融洽度。

用 $W_F(F_e)$ 表示物流集货人员的模糊满意度，物流集货人员 e 满意度的模糊隶属度函数用协作融洽度 F_e 所描述为：

$$W_F(F_e) = \begin{cases} 0 & F_e \in [0, F_{se}] \\ (F_e - F_{se})/(F_{He} - F_{se}) & F_e \in (F_{se}, F_{He}) \\ 1 & F_e \in [F_{He}, \infty] \end{cases} \qquad (4-63)$$

4.5.2.5　模型构建

目标函数：

$$minC = min\left[\sum_{i=0}^{n} \sum_{j=0}^{n} \sum_{k=0}^{n} \left(\frac{C(s_{oil})}{A}pc + \frac{Y_{ok} - Y_{fk}}{L_{ok}} + M_{ok} \right) \cdot d_{ij} \cdot x_{ijk} + P(t) \right]$$
$$(4-64)$$

$$maxZ_e = max\left[\sum_{e=1}^{m} \lambda_P W_P(P_e) + \sum_{e=1}^{m} \lambda_L W_L(L_e) + \sum_{e=1}^{m} \lambda_F \eta \right] \qquad (4-65)$$

$$minU_T(T_i) = \beta \qquad (4-66)$$

约束条件：

$$\sum_{i=1}^{n} u_{ik}q_i \leqslant Smax \qquad (4-67)$$

$$\sum_{k=1}^{K} \sum_{i=1}^{n} x_{oik} \leqslant K \qquad (4-68)$$

$$t_{ij} = \frac{d_{ij}}{v} \qquad (4-69)$$

$$T_j = T_i + t_i + t_{ij} \qquad (4-70)$$

$$t_a = 0 \qquad (4-71)$$

$$t = t_{ij} + t_i = \sum_{i=0}^{n} \sum_{j=0}^{n} \frac{d_{ij}}{v} \cdot x_{ijk} + \sum_{i=0}^{n} u_{ik}t_i \leqslant t_{max} \qquad (4-72)$$

$$\sum_{i=0}^{n} \sum_{j=0}^{n} d_{ij} \cdot x_{ijk} \leqslant L_{max} \qquad (4-73)$$

$$\sum_{k=1}^{K} \sum_{i=1}^{n} x_{ijk} = 1 \qquad (4-74)$$

$$\sum_{k=1}^{K} \sum_{j=1}^{n} x_{ijk} = 1 \tag{4-75}$$

$$\sum_{i=1}^{n} x_{oik} = \sum_{j=1}^{n} x_{ojk} = 1 \tag{4-76}$$

对上述建立的优化模型解释如下：

在深入探讨的问题中，设定了三个关键的优化目标函数，这些函数通过式（4-64）至式（4-66）得以精确表达。首先，式（4-64）旨在实现物流集货车辆运营总成本的最小化，这一成本涵盖了车辆的燃油消耗、折旧、维护以及集货人员的薪酬支出。其次，式（4-65）聚焦于提升集货人员的整体满意度，通过优化其薪酬福利、工作强度以及团队协作氛围，以达到最高的工作满意度。最后，式（4-66）确立了客户对物流集货服务质量的基本要求，确保服务水平不低于预设的 β 值，从而保障客户的满意度。这三个目标函数共同构成了研究的基石，旨在通过优化这些关键指标，提升整个物流集货系统的效率和客户满意度。

式（4-67）严格规定了集货车辆的载重能力限制。式（4-68）明确指出，执行全部集货任务所需的车辆数量不得超过集货中心所拥有的车辆总数 K。进一步地，式（4-69）至式（4-71）详细阐述了对集货车辆作业时间的具体约束。具体而言，式（4-69）定义了从客户 i 到客户 j 的货物运输时间。式（4-70）详细说明了集货车辆抵达客户 i 的时间，该时间由货物运输至客户 i 的时间，在客户 i 处的卸货服务时间以及从客户 i 返回的时间三部分组成。式（4-71）规定了集货车辆必须在 0 时刻从集货中心出发，确保集货活动的准时启动。

在集货过程的规范中，式（4-72）和式（4-73）被赋予了重要的角色，它们分别界定了集货人员的劳动强度和运输里程的限制。具体而言，式（4-72）明确规定了集货人员在一次集货任务中的总工作时间，这包括了货物运输及卸载等服务的全部时间，不得超越该集货人员在该次任务中所能承受的最大工作时限。而式（4-73）进一步设定了集货人员在单次集货活动中的运输距离上限，确保了集货活动的效率与安全。这两项规定共同构成了集货人员工作强度的合理边界，保障了集货服务的质量和集货人员的健康安全。

式（4-74）与式（4-75）明确指出，每一客户点均配备一辆专用接送货车，且该车辆仅对该客户点提供单一服务。这一规定确保了服务的专一性和效率性。而式（4-76）进一步阐述了集货流程的闭环特性：所有集货车辆必须从集货中心启程，执行完指定的集货任务后，必须返回至原出发点。这一要求不仅保证了集货过程的完整性，也体现了对资源管理和物流效率的严格控制。

经过深入分析，提升物流行业的服务专业化程度对于确保其持续健康发展至关重要。在企业优化物流流程的过程中，VSP 车辆路径问题始终是一个关键且复杂的挑战。集货人员，作为直接与客户（生产者）接触的执行者，他们的满意度直接关联到服务质量，从而影响整体的物流配送效率。本章从车辆调度及员工满意度的理论基础出发，将集货人员的满意度因素纳入 VSP 问题的考量之中。通过模糊逻辑方法描述客户与员工的满意度，本章构建了一个新的物流集货 VSP 模型，该模型在考虑集货人员满意度的同时，有效降低了物流总成本，并提升了集货效率。这一发现强调了在物流管理中，综合考虑人员满意度的重要性，为物流企业提供了优化策略的新视角。

4.6 农产品冷链物流集货运输优化的促进政策

冷链物流系统作为一种高度专业化的供应链模式，其运营成本在整个供应链成本中占据显著比例。这一现象主要源于冷链物流对恒定温度控制的严格要求，这种控制不仅确保了产品的新鲜度和安全性，而且对产品质量的维护起到了至关重要的作用。冷链物流的复杂性体现在其跨学科和跨行业的特性上，它融合了农业、工业和服务业的技术与知识，形成了一个多维度的系统工程。这种综合性的特点使冷链物流在现代供应链管理中扮演着不可或缺的角色，尤其是在食品、药品以及其他对温度敏感产品的运输和储存领域。冷链物流的有效运作，对保障这些产品的品质和安全，以及满足消费者的需求，具有至关重要的意义。

随着国民经济的持续增长和居民消费能力的显著增强，对高品质生鲜食品的需求呈现爆炸性增长，这直接推动了生鲜市场的快速扩张。在这一背景下，冷链物流作为连接生鲜食品供需两端的关键环节，其重要性日益凸显，得到了国家层面的重点关注和支持。尽管中国冷链物流市场的集中度与国际先进水平相比仍有差距，但在国家政策的积极推动下，该行业已经实现了跨越式的发展。具体来看，2016~2020 年，中国冷链物流百强企业的总营业收入在行业中的占比持续增长，截至 2020 年已超过 18%，较上年增长了 1.9%。同时，2020 年，行业前十强企业的营收市场份额达到了 10.7%，这一数据进一步印证了市场集中度的稳步提升。特别值得关注的是，在 2020 年的百强企业中，民营企业占据了 72 个席位，较上年有所增加，而国有企业的数量则有所下降。这一变化表明，冷链物流行业的市场化程度正在加深，但目前尚未形成一家独大的市场格局，行业整体仍处于分散竞争状态。随着行业的深入发展，预计竞争将变得更加激烈。

4.6.1　农产品冷链物流政策历程

政府对冷链物流行业的支持力度持续加强，不断出台新的政策以促进该行业的发展。这些政策涵盖了冷链物流的各个环节，旨在提升其整体效率和服务质量。随着公众对食品安全、健康和卫生标准的日益关注，对生鲜产品的冷链运输需求显著增加。市场分析预测显示，2022~2026 年，中国冷链物流市场将保持稳定的增长态势，预计年均复合增长率将达 17.5%，到 2026 年，市场规模预计将扩大至 9371 亿元。

在 2010 年，国家发展改革委正式颁布了《农产品冷链物流发展规划》，这一重要文件的出台，标志着中国农产品冷链物流行业迈入了系统化和规范化的发展新阶段。随后，在 2016 年，国家又发布了《关于中央财政支持冷链物流发展的工作通知》，这一政策的实施，极大地推动了农产品冷链物流行业的快速发展。2021 年，随着《"十四五"冷链物流发展规划》的发布，该行业的发展得到了进一步的优化和完善，展现出更加成熟和高效的行业面貌① （见图 4-22）。

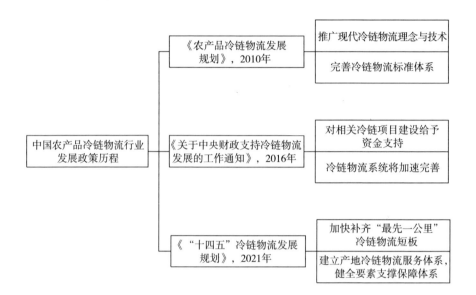

图 4-22　中国农产品冷链物流行业发展政策历程

　　在中国国家政策的积极推动和消费者需求的不断上升，中国冷链物流行业展现出显著的增长趋势。截至 2021 年，该市场的规模已扩展至 4184 亿元，并且预计到 2026 年，这一数字将激增至 9371 亿元。冷链物流系统作为保障食品新鲜度和医药产品安全性的重要环节，其市场规模的扩张尤为引人注目。2017~2021 年，这一行业的年均复合增长率（CAGR）高达 13.2%（见图 4-23），显示出其在现代物流体系中的核心地位和未来发展的巨大潜力②。

---

① 资料来源：前瞻产业研究院。
② 资料来源：资产信息网、千际投行、中物联冷链委。

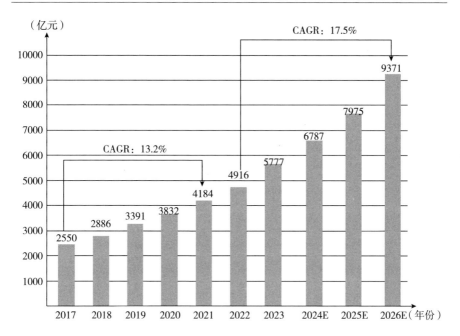

图 4-23 中国冷链物流行业市场规模及预测

注：E 表示估计。

在当前的基础设施条件下，随着市场竞争的日益加剧以及低碳经济理念的普及，客户体验和环境保护已成为企业发展中不可或缺的两大要素。因此，冷链物流企业必须从市场竞争力、社会责任和企业品牌形象等多个维度出发，高度重视客户满意度的提升和碳排放量的控制，以期在未来的发展道路上取得更加显著的成就。这不仅是对企业自身可持续发展的要求，也是对社会和环境负责的体现。通过优化服务流程和采用环保技术，冷链物流企业能够在满足客户需求的同时，减少对环境的影响，从而在激烈的市场竞争中脱颖而出，实现绿色、高效的发展目标。

4.6.2 农产品冷链物流集货运输优化的促进政策

4.6.2.1 加强财政支持

（1）设立专项资金。

为了促进农产品冷链物流的高效运作，政府应当设立一项专门的财政资金。这笔资金的主要用途包括支持冷链物流基础设施的建设、技术升级以及关键设备的采购。资金的分配应当根据各省份的实际情况，包括但不限于当地的工作基础、发展潜力和绩效评估结果，进行科学合理的规划。此外，补助资金的发放应当采取年度分配的方式，确保资金的及时到位和有效利用。通过这样的措施，可以显著提升农产品冷链物流的整体效率和质量，进而推动农业经济的健康发展。

（2）财政补贴。

对符合条件的农产品冷链物流集货运输项目，政府可给予一定的财政补贴，降低企业运营成本，提高项目吸引力。

（3）税收优惠。

对从事农产品冷链物流集货运输的企业，给予一定的税收减免政策，如增值税、企业所得税等方面的优惠。

4.6.2.2　规范食品冷链物流市场

为了建立完整独立的冷链物流体系，首先要规范市场，确保市场在一个良性、有序的环境中竞争与发展。这不仅是提升物流冷链效率和质量的关键，也是保障食品安全、满足消费者需求的重要措施。当前，中国食品冷链物流市场呈现出以下几个特点：一是市场规模持续扩大，但整体发展水平不高；二是市场主体众多，但普遍规模偏小，缺乏竞争力；三是冷链技术和管理水平参差不齐，存在较大的安全隐患。规范食品冷链物流市场是建立完整独立冷链物流体系的基础。一个规范的市场可以为企业提供公平竞争的环境，鼓励企业加大投入、提高技术水平和管理水平，从而推动整个行业的发展。

（1）制定法律法规。

政府应当采取果断措施，通过立法手段来构建和强化冷链物流领域的法律框架。这包括确立严格的市场准入门槛、制定详尽的经营准则以及设定科学的技术标准。这些措施旨在为冷链物流行业的健康发展提供坚实的法律支撑，确保市场运作的规范性和透明度。通过这样的法律体系，可以有效促进冷链物流行业的标准化和专业化，保障食品安全和质量，同时也为消费者提供了更加可靠的服务保障。

（2）强化政府监管。

政府机构必须提升对冷链物流领域的监管强度，对任何违法活动实施严格的惩罚，以此保障市场的公正竞争和稳定增长。此外，政府应定期对冷链物流企业进行监督和评估，确保它们严格遵守既定的行业标准和规定。

（3）推进标准化进程。

应大力推进冷链物流行业的标准化工作，包括技术、管理和服务的标准制定与完善。这些标准将为行业的有序运作提供必要的技术支持。同时，应鼓励企业积极参与标准的制定与执行，以此提升整个行业的标准化水平。

（4）增强行业自律。

冷链物流行业协会需加强行业内部的自我管理，制定并执行行业规范和自律协议，引导企业遵守相关法律和行业标准，保护行业的整体形象和信誉。此外，协会应促进业内企业间的交流与合作，共同推动行业的进步和发展。

（5）提高从业人员能力。

鉴于冷链物流行业的技术密集特性，对从业人员的专业素质和技能有较高要求。因此，应加大对从业人员的培训和教育投入，提升他们的专业能力和技术水平。同时，企业应增加对人才的培养和引进力度，吸引更多高素质人才加入冷链物流行业。

4.6.2.3　提高冷链物流的市场化程度，加速第三方物流企业的介入

（1）冷链物流的高门槛与专业化要求。

冷链物流涉及食品、药品等对温度控制要求极为严格的产品，其运输、储存和配送等各个环节都需要专业的设备和技术支持。这使得冷链物流的进入门槛相对较高，一般企业很难凭借自身力量达到冷链运输的要求。专业的冷链设备、技术和管理经验是冷链物流企业的核心竞争力，而这些都需要大量的资金投入和长期的经验积累。

（2）第三方物流企业的专业优势与市场需求。

在市场需求持续攀升与冷链物流领域的迅猛发展背景下，专业化的第三方冷链物流公司依托其精湛的技术、深厚的行业经验和广泛的服务网络，正逐步成为冷链物流竞争中的主导力量。这些企业不仅装备了先进的冷链设施和尖端技术，还构建了完备的信息管理系统和物流配送网络，确保为客户提供高效率、精准度高且响应迅速的冷链物流服务。此外，第三方物流企业具备灵活性，能够依据客户的特定需求，量身打造个性化的冷链物流方案，从而满足市场上多样化的需求。

（3）第三方物流企业提高冷链物流质量、降低成本的优势。

第三方物流企业的介入可以显著提高冷链物流的在途质量、准确性和及时性。这些企业拥有专业的物流团队和先进的物流技术，能够实时监控货物的温度、湿度等状态，确保货物在运输过程中的安全和质量。同时，第三方物流企业还能够通过优化运输路线、提高装卸效率等方式，降低食品冷链的成本和商品损耗。这些优势使得第三方物流企业在冷链物流市场中具有更强的竞争力和市场影响力。

（4）大力发展第三方冷链物流企业的策略。

强化政策激励与扶持措施：政府需制定更为明确的政策框架，以促进第三方物流行业的蓬勃发展，并增强其在冷链物流领域的竞争优势和市场占有率。

增加资本注入与技术创新：第三方物流公司应当扩大投资规模，积极吸纳尖端的冷链技术和装备，以提升冷链物流服务的专业性和智能化程度。

加强人才培养和团队建设：企业应注重人才培养和团队建设，打造一支专业的冷链物流团队，提高服务质量和客户满意度。

推动行业合作和协同发展：第三方物流企业应加强与其他相关企业的合作和协同发展，共同推动冷链物流行业的进步和发展。

4.6.2.4 完善法规标准体系

冷链物流集货优化是促进冷链物流行业高效、安全、可持续发展的关键环节。为了推动冷链物流集货的优化，完善法规标准体系是不可或缺的一环。以下是关于完善冷链物流集货优化促进政策的法规标准体系的具体扩展内容：

（1）明确法规标准的重要性。

冷链物流集货涉及食品、药品等对温度控制要求极高的产品，其安全性和质量直接关系到消费者的健康与生命安全。因此，制定明确的法规标准，对冷链物流集货进行规范和管理，是确保冷链物流行业健康发展的重要保障。

（2）制定冷链物流集货相关法规。

在当前的食品冷链物流领域，标准化和监管机制的不足已成为亟需解决的问题。国家相关部门必须采取更为严格的措施，制定和完善针对冷链物流的全面法规和制度。目前，尽管存在一些规定，如对冷冻库温度的具体要求（必须维持在$-18℃$以下），但这些规定往往未能覆盖冷链物流的全过程，且缺乏统一、严格和科学的执行标准。为了确保食品冷链物流的高效和安全，必须迅速制定并实施全面的食品冷链标准，并将其作为食品市场准入的重要条件。此外，建立一个强有力的监管机制至关重要，该机制应能够对易腐食品在冷链各环节的运行状态进行持续和严密的监测。通过这种方式，可以确保食品从生产到消费的每一个环节都符合最高的安全和质量标准，从而保护消费者的健康和权益。

准入门槛：设立冷链物流集货企业的准入门槛，要求企业具备相应的资质、技术和管理能力，确保企业能够按照规定的标准和要求进行集货作业。

作业流程：规范冷链物流集货的作业流程，包括货物的接收、分类、储存、装车和运输等环节，确保货物在集货过程中得到妥善处理和保护。

温度控制：制定严格的温度控制标准，要求冷链物流集货企业在集货过程中始终保持货物在规定的温度范围内，确保货物的质量和安全。

信息追溯：建立冷链物流集货信息追溯系统，要求企业记录货物的来源、流向和状态等信息，实现货物从源头到消费者的全程追溯。

（3）加强法规标准的监督与检查。

建立监督机制：建立冷链物流集货法规标准的监督机制，定期对冷链物流集货企业进行监督和检查，确保企业按照规定的标准和要求进行作业。

加大处罚力度：对违反法规标准的企业进行严厉处罚，包括罚款、吊销营业执照等措施，形成有效的震慑力，促使企业自觉遵守法规标准。

公开透明：加强冷链物流集货法规标准的公开透明度，及时向社会公布监督检查结果和处罚情况，接受社会监督，提高冷链物流集货的透明度和公信力。

4.6.2.5 加强冷链物流的硬件设施建设

冷链物流中心的建设是一项资金密集型和技术密集型的工程，其独特性导致了投资回报周期较长，且运营过程中的维护成本较高。因此，单纯依赖政府或企业的力量难以全面满足冷链物流基础设施的建设需求，这就要求政府和企业必须携手合作，共同承担投资和管理责任。在项目初期，政府可以通过提供财政补贴、贴息贷款以及税收减免等激励措施，引导和鼓励企业参与冷链物流的投资；同时，利用税收政策作为调节工具，对采用全程冷链的食品供应链企业给予税收优惠，而对未采用冷链处理导致的废弃物则征收高额的环境保护费用；此外，应设立专门的部门负责冷链事务的管理，指导企业实现可持续发展，逐步实现以企业为主导、政府为辅助的经营模式转变。

4.6.2.6 技术创新政策

技术创新是冷链物流集货优化的关键驱动力。通过技术创新，可以提高冷链物流集货的效率、安全性和可持续性，降低运营成本，并提升客户满意度。因此，制定和实施技术创新政策，对推动冷链物流集货行业的整体发展具有重要意义。

（1）加强技术研发投入。

设立专项资金：政府应设立冷链物流集货技术创新的专项资金，鼓励企业加大技术研发投入，推动冷链物流集货技术的不断创新和升级。

引导社会投资：通过政策引导，吸引社会资本投入冷链物流集货技术创新领域，形成多元化的投资格局，为技术创新提供充足的资金支持。

　　税收优惠：对于在冷链物流集货技术创新方面取得显著成果的企业，给予一定的税收优惠政策，降低企业研发成本，提高企业创新的积极性。

　　（2）推动技术成果转化。

　　建立技术转移机制：建立冷链物流集货技术转移机制，促进高校、科研机构和企业之间的技术合作与交流，推动科技成果的转化和应用。

　　加强知识产权保护：加强冷链物流集货领域的知识产权保护，保护企业的创新成果，激发企业的创新动力。

　　设立示范项目：在冷链物流集货领域设立一批示范项目，鼓励企业采用新技术、新设备和新工艺，推动冷链物流集货技术的普及和应用。

　　（3）培养技术创新人才。

　　加强人才培养：加强冷链物流集货技术创新人才的培养，建立多层次、多渠道的人才培养体系，为企业输送高素质的技术创新人才。

　　建立激励机制：建立冷链物流集货技术创新人才的激励机制，对在技术创新方面取得显著成果的人才给予奖励和表彰，激发人才的创新活力。

　　加强国际合作：加强与国际冷链物流集货技术创新领域的合作与交流，引进国际先进技术和管理经验，培养具有国际视野的技术创新人才。

　　（4）构建技术创新生态体系。

　　加强产业链协同：加强冷链物流集货产业链上下游企业的协同合作，推动技术创新在产业链中的广泛应用和深度融合。

　　建立技术创新平台：建立冷链物流集货技术创新平台，汇聚各类创新资源，为企业提供技术创新支持和服务。

　　加强政策协同：加强技术创新政策与其他相关政策的协同配合，形成政策合力，共同推动冷链物流集货行业的创新发展。

4.6.2.7　加快冷链物流电商平台建设

　　在现今的冷链物流行业中，信息技术的整合程度远未达到理想状态，这一短板严重制约了行业的创新发展，限制了效率与服务质量的提升。为了克服这一障碍，建立一个综合性的冷链物流公共信息平台显得尤为迫切。该平台旨在加强各利益相关方之间的数据交换与信息共享，进而推动冷链物流资源的合理分配与高效利用。同时，企业应当积极推进信息化进程，对现有的冷链物流操作信息系统进行升级改造，涵盖信息的采集、处理及传播等环节，以全面提升冷链物流管理的信息化水平。通过这些措施，信息流的畅通将有效促进物流活动的顺畅进行，显著提高行业整体运作效率。

针对农产品冷链物流的严苛要求，应全力革新其物流网络，以冷链物流中心为核心，打造一种全新的物流生态。这一生态将打破传统模式，实现农产品的全程冷链覆盖。首先，在各大农产品产区，将设立现代化的收购中心，这些中心不仅负责农产品的初步收购，还集成了预冷、初步筛选、分类和初步包装等功能，确保农产品在离开田间地头时就能进入冷链状态。其次，经过初步处理的农产品将被迅速运送至位于城市近郊的冷链物流枢纽。在这里，农产品将经历更为精细的储存、包装、流通加工和配送等流程。再次，将引入先进的质量监控系统，对农产品的安全质量进行实时追踪和检测，确保每一份农产品都符合严格的标准。最后，这些经过严格筛选和处理的农产品将通过冷链物流网络，精准、高效地送达城市的各个销售点。整个过程中，农产品都将处于恒定的低温环境中，最大程度地保持其新鲜度和营养价值。

通过这一全新的物流生态，城市将实现农产品从田间到餐桌的全程冷链覆盖，为消费者提供更安全、更新鲜、更健康的农产品。同时，这也将极大地提升农产品物流的效率和质量，为农产品行业的持续发展注入新的动力。如图4-24所示。

4.6.2.8　加大招商引资力度

为了深化与国内外物流行业翘楚、顶尖学府及研究机构的协作，我们将构建一个多元化的对外招商引资网络。这一策略不仅显著提升了农产品的市场价值，而且有效促进了农业的效率提升和农民的经济收益增长。此外，通过这一平台，我们将精选一批具备强大实力、管理体系完善、经济

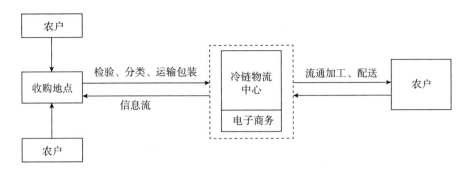

图 4-24　基于电子商务平台的冷链物流模式

效益卓越的大型核心企业，作为我们重点引进的对象。同时，我们还将培育一批在冷链物流领域具有显著竞争优势的企业，以增强整个行业的竞争力。

政府机构必须采取果断措施，优化招商引资环境，并强化投资激励政策，以吸引更多的投资者参与合作。为此，必须确保所有招商引资政策与政府机构的鼓励投资和产业发展优惠措施相一致，并严格履行政策承诺。此外，政府机构应通过招商局及相关机构，组织有效的银企对接活动，以协助冷链物流企业拓展融资途径，减轻其财务负担。同时，鼓励金融机构对符合标准的冷链物流企业提供更多的融资支持，并完善相应的金融服务。最终目标是利用市场的资源配置功能，推动农产品冷链物流行业的全面发展，从而实现其经济效益的最大化。

第5章 冷链物流集货模式与乡村振兴战略的互动关系

　　农村物流系统作为城乡经济互动的关键"桥梁"，其重要性不容忽视。目前，每日在农村地区流转的快递包裹数量超过1亿件，这一数据充分展示了农村物流的活跃程度。一个高效的农村物流体系不仅是现代供应链体系中不可或缺的一环，更是推动农村经济发展、提升农村居民生活质量以及实现乡村振兴战略目标的关键因素。通过优化物流服务，可以有效满足农村居民的日常需求，进一步激发农村市场的消费潜力，为农村经济的持续健康发展提供坚实支撑。

　　中央政府明确指出，解决"三农"问题是我们党工作的首要任务，必须持续不断地推进。为此，全党及全社会应共同努力，全面实施乡村振兴战略，加速农业和农村的现代化进程。一个国家的强大首先体现在农业的强大，只有农业强盛，国家才能真正强大。必须根据国家的实际情况和农业的特点，展现中国的独特性，构建一个供给保障稳固、科技装备先进、经营体系完善、产业韧性强劲、竞争能力卓越的农业强国。

　　2018年9月，中共中央、国务院颁布了《乡村振兴战略规划（2018-2022年）》（以下简称《规划》），《规划》的核心目标是推动农业现代化，特别是在农产品质量管理方面，提出了建立严格的分级和产地准出机制。2019年的中央一号文件强调了农业和农村的优先发展，并提出了加强农产品市场建设和物流体系，特别是冷链物流系统的建设。2020年

5 月，国家相关部门进一步出台了《关于进一步优化发展环境促进生鲜农产品流通的实施意见》，该政策利用中央预算内投资，大力支持城乡冷链物流基础设施的建设。2023 年，中共中央和国务院联合发布的新文件中，强调了完善县乡村电子商务和快递物流配送体系的重要性，并提出建设县域集采集配中心，推动农村客货邮融合发展，以及发展共同配送和即时零售等新模式。此外，文件还强调了推动冷链物流服务网络向乡村地区的下沉，以确保农产品从田间到餐桌的高效流通。

5.1　冷链物流集货模式对乡村振兴的推动作用

冷链物流作为农村物流体系的关键支柱，其高质量发展对于深化供给侧结构性改革、满足人民对美好生活的向往以及推动乡村产业振兴具有重要意义。随着城乡居民消费结构的持续升级，对冷链物流的需求也日益增长。这种不断升级的需求不仅为冷链物流提供了强大的发展动力，还为其在适配新型消费、加快规模扩张方面创造了更为广阔的市场空间。在这样的背景下，冷链物流产业将更加聚焦于提升供给水平，以满足人民日益增长的美好生活需要，进而实现更高质量的发展。加快冷链物流高质量发展，不仅关乎物流产业的转型升级，更是推动乡村振兴、促进经济高质量发展的重要举措。通过优化冷链物流网络布局、提升冷链物流服务质量效率水平，我们能够更好地服务农业生产，促进农产品流通，实现农业增效、农民增收，进而为乡村振兴提供有力支撑。

5.1.1　提高农产品附加值与农民收入

冷链物流集货模式对乡村振兴的推动作用，在提升农产品附加值与农民收入方面，具有深远且直接的影响。这一模式不仅为农产品提供了从田间到餐桌的全链条低温保障，还通过一系列环节和措施，有效提升了农产品的市场竞争力，从而带动了农民收入的持续增长。

第一，冷链物流集货模式能够保障农产品在运输过程中的新鲜度和品质。传统农产品流通模式往往因为缺乏有效的保鲜手段，导致农产品在运输过程中容易变质、腐烂，大大降低了农产品的附加值。而冷链物流集货模式通过引入先进的冷链技术和设备，确保农产品在采摘、储存、运输等各个环节都能处于低温状态，有效延长了农产品的保鲜期和货架期。降低农产品损耗的同时保证了消费者能够购买到新鲜、优质的农产品，从而提高农产品的市场竞争力。

第二，冷链物流集货模式有助于提升农产品的品牌价值和附加值。在冷链物流集货模式下，农产品从生产到销售都实现了标准化、规模化运营。通过对农产品的统一包装、标识和宣传，能够提升农产品的品牌知名度和美誉度。同时，冷链物流集货模式还能够对农产品进行分级、分类处理，满足不同消费者的需求。这种精细化的管理方式能够提升农产品的附加值，使农民在销售农产品时能够获得更高的收益。

第三，冷链物流集货模式还能够拓展农产品的销售渠道和市场范围。在传统农产品流通模式下，由于保鲜技术落后、销售渠道单一等原因，农产品往往只能在本地市场销售，难以进入更广阔的市场。而冷链物流集货模式通过引入电商平台、直播带货等新型销售方式，打破了地域限制，使农产品能够迅速进入全国乃至全球市场。提高农产品销量的同时还帮助农民拓展销售渠道，从而增加了农产品的销售收益。

第四，冷链物流集货模式还能够促进农村经济的发展和农民收入的增加。随着冷链物流集货模式的不断推广和应用，这将为农民提供更多的就业机会和收入来源，促进农村经济的繁荣和发展。同时，冷链物流集货模式还能够推动农村地区的产业升级和转型，使农村产业向高端化、精细化方向发展，进一步提高农产品的附加值和农民收入。

综上所述，冷链物流集货模式对乡村振兴的推动作用在提升农产品附加值与农民收入方面表现得尤为明显。通过保障农产品的品质和安全、提升农产品的品牌价值和附加值、拓展农产品的销售渠道和市场范围以及促进农村经济的发展和产业升级等一系列措施，冷链物流集贷模式为乡村振兴注入了新的动力，使农民在乡村振兴的进程中获得了更多的发展机会。

5.1.2 推动农业产业升级与转型

在农业产业升级与转型的宏伟蓝图中，冷链物流的集贷模式无疑是一块不可或缺的基石。该模式的应用不仅精简了农产品的流通链条，而且通过整合尖端的冷链技术与装备，极大地提高了农产品在加工、包装及运输过程中的品质与效率。这一变革为农业产业向高端化、精细化迈进注入了强劲动力，确保了农产品从田间到餐桌的每一个环节都能保持最佳状态。

第一，冷链物流集贷模式通过引入先进的冷链技术和设备，确保农产品在运输过程中的新鲜度和品质。这意味着农产品能够在更长的时间内保持原有的口感和营养价值，满足了消费者对高品质农产品的需求。不仅提升了农产品的市场竞争力，也推动了农业向高端化方向发展。

第二，随着冷链物流集贷模式的普及，农产品的加工和包装水平也得到了显著提升。先进的加工设备和技术使农产品能够经过更精细的加工处理，提高了产品的附加值和市场竞争力。同时，现代化的包装材料和技术也为农产品提供了更好的保护和展示效果，进一步提升了农产品的品质和形象。

第三，冷链物流集贷模式促进了农村一二三产业的融合发展。在这一模式下，农业不仅是提供原材料的产业，更成为连接农产品加工、流通、销售等多个环节的纽带。农产品加工业、物流业、销售业等相关产业在冷链物流集贷模式的推动下，形成了紧密的产业链关系，实现了资源共享和优势互补。这种融合发展的模式不仅提高了农业产业的整体效益，也为农村经济的多元化发展提供了新路径。

第四，冷链物流集贷模式为乡村振兴注入了新的动力。通过推动农业产业的升级和转型，冷链物流集贷模式为农村地区带来了更多的就业机会和创业机会，促进了农村人口的流动和劳动力转移。

5.1.3 优化农产品流通网络

优化农产品流通网络是农业产业现代化和乡村振兴的重要一环。冷链物流集货模式作为一种先进的物流管理方式，能够显著优化农产品的流通网络，减少流通环节和成本，从而推动农业产业的升级和转型。

首先，冷链物流集货模式通过建设完善的冷链设施，如冷库、冷链运输车辆等，为农产品提供了一个全程低温的运输环境。这种环境可以确保农产品在采摘、储存、运输、销售等各个环节都保持恒定的低温状态，有效抑制微生物的生长和酶的活性，从而延长农产品的保鲜期，保持其原有的品质和口感。

其次，冷链物流集货模式能够减少农产品的流通环节和成本。在传统的农产品流通模式中，农产品往往需要经过多个中间环节才能到达消费者手中，这不仅增加了流通时间和成本，还容易导致农产品在流通过程中损失和浪费。而冷链物流集货模式通过集中采购、统一配送等方式，将农产品从田间直接送达消费者或零售商手中，降低了流通成本，提高了农产品的流通效率。

再次，冷链物流集货模式还能够提高农产品的市场竞争力。通过确保农产品的品质和安全，冷链物流集货模式使得农产品在市场上更具竞争力。消费者对于新鲜、安全、高品质的农产品有着越来越高的需求，而冷链物流集货模式正好满足了这一需求。同时，通过减少流通环节和成本，冷链物流集货模式还使得农产品在价格上更具优势，提高了市场竞争力。

最后，冷链物流集货模式对推动农业产业的升级和转型具有重要意义。随着冷链物流集货模式的普及和发展，农业生产者将更加注重农产品的品质和附加值，推动农业向高端化、精细化方向发展。冷链物流集货模式不仅优化了农产品的流通效率，更在深化农村经济结构调整中扮演了关键角色。它通过构建跨行业的协同机制，加强了农业与工业、服务业的互动联系，从而促进了产业链的整合与升级。这种模式通过资源的高效配置和优势的互补，不仅提升了农业的整体竞争力，也为乡村的全面振兴提供了强有力的支撑。它预示着农业向现代化、智能化转型的趋势，为乡村经济的可持续发展开辟了新的道路。

综上所述，冷链物流集货模式通过建设完善的冷链设施、减少流通环节和成本、提高农产品品质和市场竞争力等方式，能够显著优化农产品的流通网络，推动农业产业的升级和转型，为乡村振兴注入新的动力。

5.1.4　加强农产品品牌建设

在当今日益竞争激烈的市场环境中，农产品品牌建设显得尤为重要。强大的农产品品牌不仅能够提升产品的市场竞争力，还能进一步推动乡村振兴。而冷链物流集货模式，作为一种先进的物流管理方式，为农产品品牌建设提供了有力的支持。

第一，冷链物流集货模式确保了农产品在运输过程中的品质。农产品具有易腐、易损的特性，因此，如何确保农产品在从农田到餐桌的每一个环节都保持最佳状态是品牌建设的关键。冷链物流集货模式通过科学的温度控制、严格的运输标准，以及高效的集货配送系统，最大限度地减少了农产品的损耗，保证了农产品的品质和口感。这不仅提升了消费者的购买体验，也为农产品品牌建设奠定了坚实的基础。

第二，冷链物流集货模式为农产品品牌建设提供了更多的宣传渠道。随着互联网的普及和人们生活质量的提高，消费者更多关注农产品的品牌和质量。冷链物流集货模式通过整合线上线下资源，为农产品品牌提供了更多的展示平台。例如，通过电商平台进行品牌宣传、销售推广，或者利用社交媒体进行口碑传播，都能够有效地提升农产品的知名度和美誉度。

第三，冷链物流集货模式有助于拓展农产品的销售渠道。农产品传统的销售模式受到地域、时间等因素限制，而冷链物流集货模式则能够打破这些限制，实现农产品的全国乃至全球销售。这不仅为农产品品牌提供了更广阔的市场空间，也为农民带来了更多的增收机会。积极融入全球经济体系，不仅能够吸收国际上先进的农业科技和管理智慧，而且还能有效提升我国农产品的质量标准和市场竞争力。这一过程要求我们不断学习并采纳国际最佳实践，以确保农业生产达到国际认可的高标准，从而在全球市场中占据有利地位。这样才能够确保农产品的品质得到持续改进，同时增强其在国际舞台上的竞争优势，为乡村振兴注入新的动力。

5.1.5 完善农村基础设施

完善农村基础设施是实施冷链物流集货模式不可或缺的一环，它直接关系到冷链物流系统的效率和农产品的市场竞争力。随着农村经济的蓬勃发展，农村基础设施建设已经成为促进乡村振兴、推动农业现代化和农产品品牌建设的关键所在。

冷链物流集货模式要求农产品从田间地头到消费者餐桌的每一个环节都保持新鲜、安全，而这离不开高效、可靠的农村基础设施。道路的改善和升级是冷链物流集货模式能够顺利实施的前提。只有拥有畅通的交通网络，才能确保农产品快速、准确地运送到集货中心，再通过冷链物流系统分发到各个销售点。因此，政府应加大对农村道路建设的投入，提升道路质量，完善路网结构，确保农产品运输的畅通无阻。供水、电力等基础设施的改善也是冷链物流集货模式得以顺利运行的重要保障。冷链物流需要耗费大量的电力来维持低温环境，而供水则关系到农产品的清洗、加工等环节。因此，政府应加强对农村供水、电力等基础设施的改造和升级，提高供水、供电的稳定性和可靠性，为冷链物流集货模式的实施提供有力支持。

完善农村基础设施不仅能够为冷链物流集货模式的实施提供有力保障，还能够促进农村经济的整体发展。随着基础设施的持续升级，农村地区的交通网络、通信系统和电力供应将迎来重大改进，这些进步将不仅为农村市场吸引更多企业和投资，而且将促进农村产业的现代化和多元化发展。此外，基础设施的全面提升将显著提高农村居民的生活水平，增强他们对生活的满足感、幸福感以及安全感，从而为乡村振兴战略的实施提供坚实的基础。这一系列的发展举措将有效推动农村地区的全面振兴，实现经济社会的可持续发展。总之，完善农村基础设施是实施冷链物流集货模式的必然要求。政府应加大对农村基础设施建设的投入力度，提高农村地区的整体发展水平，为冷链物流集货模式的实施提供有力保障。

5.1.6　促进产业融合与多元化发展

促进产业融合与多元化发展是乡村振兴战略中的一项重要任务，而冷链物流集货模式正是推动这一进程的有力工具。

冷链物流集货模式为农业与农村旅游产业的融合提供了可能。随着人们对休闲、度假需求的日益增长，农村旅游市场逐渐兴起。冷链物流集货模式通过改善农村交通、仓储等设施，为农村旅游提供了更加便捷、高效的物流支持。同时，农产品作为农村旅游的重要资源，通过冷链物流集货模式可以更好地展示其特色和品质，吸引更多游客前来观光、体验。这种产业融合不仅丰富了农村旅游的内涵，也提升了农产品的附加值，实现了双赢。

冷链物流集货模式推动了农业与农产品加工产业的融合发展。在农业产业链的宏伟画卷中，农产品加工扮演着至关重要的角色，它不仅是提升农产品价值链的关键步骤，而且是农民增收致富的得力助手。冷链物流集货模式，这一现代物流的杰出代表，通过优化农产品的流通路径和提升其品质保障，为农产品加工企业构筑了一座坚实的原料供应桥梁。这种模式不仅确保了原料的新鲜度和稳定性，还使得加工企业能够迅速响应市场，将精加工的农产品以精准的步伐送达到消费者手中，从而满足市场对高品质农产品的日益增长的需求。

冷链物流集货模式还促进了乡村经济的多元化发展。随着农业与农村旅游、农产品加工等产业的深度融合，乡村经济将形成更加多元化、复杂化的产业结构。这种多元化发展不仅提高了乡村经济的整体竞争力和可持续发展能力，也为农民提供了更多的就业机会和收入来源。同时，多元化发展还有助于提升乡村地区的品牌形象和吸引力，吸引更多的资本、技术和人才进入乡村市场，推动乡村经济的持续繁荣。

5.2 乡村振兴战略对冷链物流集货模式的促进作用

5.2.1 提供更大市场需求

随着乡村振兴战略的深入推进，农村地区经济蓬勃发展，这种发展态势对生鲜食品、农产品等冷链产品的需求产生了显著影响，为冷链物流集货模式提供了更为广阔的市场空间，推动了其进一步的发展和优化。

5.2.1.1 消费升级与需求增长

消费升级与需求增长是乡村振兴下冷链物流集货模式的广阔机遇。在乡村振兴战略的指引下，中国农村居民消费水平显著提高和消费观念深刻升级。这种变化在食品消费领域体现得尤为突出，尤其是生鲜食品的消费，其增长势头强劲，为冷链物流集货模式的发展提供了巨大的市场空间和无限的机遇。

（1）消费升级：从"有"到"优"的转变。

过去，人们在食品消费上主要追求的是"有"，即满足基本的生存需求。然而，随着乡村振兴战略的推进和农村经济的蓬勃发展，人们开始追求更高品质、更安全、更健康的食品。这种消费升级不仅体现在食品的种类和数量上，更体现在对食品品质、安全和营养价值的要求上。在生鲜食品领域，居民对新鲜度、营养价值等方面的要求日益提高。这种需求增长为冷链物流集货模式的发展提供了巨大的动力。

（2）需求增长：冷链物流集货模式的广阔空间。

随着生鲜食品需求的不断增长，传统的物流模式已经无法满足市场需求。冷链物流集货模式以其高效、安全、可靠的特点，逐渐成为生鲜食品运输的首选。

冷链物流集货模式通过整合物流资源，实现了从产地到消费地的全程冷链运输。在运输过程中，通过先进的温控技术和设备，确保生鲜食品的新鲜度和品质。同时，冷链物流集货模式还提供了灵活多样的配送方式，满足了不同消费者的需求。

在乡村振兴的背景下，冷链物流集货模式的市场空间更加广阔。一方面，随着农村电商的发展，越来越多的生鲜食品通过电商平台进行销售，需要冷链物流集货模式提供快速、安全的配送服务。另一方面，随着农产品加工业的发展，冷链物流集货模式还需要为农产品加工业提供原材料和半成品的运输服务。

（3）机遇与挑战并存。

虽然消费升级和需求增长为冷链物流集货模式提供了巨大的市场空间和无限的机遇，但同时也带来了不少挑战。首先，冷链物流集货模式需要投入大量的资金和技术支持，对企业的实力和技术水平提出了较高的要求。其次，冷链物流集货模式需要建立完善的物流网络和配送体系，以满足不同消费者的需求。最后，冷链物流集货模式还需要应对市场竞争和价格波动等风险。

为了抓住机遇并应对挑战，冷链物流集货模式需要不断创新和发展。一方面，企业需要加大投入力度，提高技术水平和服务质量；另一方面，企业需要加强与其他企业的合作和联动，共同推动冷链物流集货模式的发展。

总之，消费升级与需求增长为冷链物流集货模式提供了广阔的市场空间和无限的机遇。在乡村振兴的背景下，冷链物流集货模式将继续发挥重要作用，为农村经济的发展和农民的增收贡献力量。

5.2.1.2　农产品品牌化与标准化

农产品品牌化与标准化是冷链物流集货模式的新动力。在乡村振兴战略的深入实施下，农产品品牌化和标准化生产被提上了新的高度。这种转变不仅提升了农产品的品质和品牌价值，使其更具市场竞争力，同时也为冷链物流集货模式的发展注入了新的动力。品牌化和标准化生产在促进农产品市场繁荣的同时，进一步增加了冷链物流集货模式的市场需求。

（1）农产品品牌化的力量。

在当今市场经济的大潮中，农产品的品牌化已成为提升其市场地位的关键策略。随着公众对食品来源和质量的日益关注，消费者更倾向选择那些拥有良好信誉和质量保证的品牌产品。品牌化不仅为农产品赋予了额外的价值，而且显著提升了其在激烈市场竞争中的地位，使其在消费者心中占据更为重要的位置。

在国家乡村振兴战略的引领下，农产品品牌化进程得到了显著加速。各地政府和企业积极响应，推出了一系列具有地域特色的农产品品牌。这些品牌通过精心的市场定位和品牌建设，有效提升了农产品的市场认知度和消费者信任度，从而在市场上赢得了更大的话语权和竞争优势。品牌化的农产品更容易形成规模化生产和标准化管理，这为冷链物流集货模式提供了更多的货源和市场需求。

（2）标准化生产的必要性。

标准化生产是确保农产品品质和规格统一的关键。通过制定和执行统一的生产标准和操作流程，可以确保农产品在种植、养殖、加工等环节达到规定的质量要求。标准化生产使得农产品在品质、规格上更加统一，降低了流通环节的损耗和浪费，提高了农产品的整体效益。

在乡村振兴战略的推动下，农产品标准化生产得到了广泛推广。各地通过建立标准化生产基地、推广标准化技术和管理模式等措施，不断提升农产品的品质和规格。标准化生产的农产品更容易满足市场需求，同时也为冷链物流集货模式提供了更加稳定和可靠的货源。

（3）品牌化与标准化对冷链物流集货模式的促进作用。

农产品品牌化和标准化生产为冷链物流集货模式的发展提供了重要支撑。品牌化农产品的高品质和高附加值使消费者对其运输和保鲜要求更高，这为冷链物流集货模式提供了更大的市场需求。同时，标准化生产的农产品在规格、品质上的统一性降低了冷链物流集货模式的操作难度和成本，提高了运输效率和服务质量。

在品牌化和标准化的推动下，农产品市场将更加繁荣和活跃。消费者对高品质、高附加值的农产品需求将不断增长，这将进一步推动冷链物流集货模式的发展和创新。冷链物流集货模式需要不断提升自身的服务能力和技术水平，以满足市场需求的不断变化。

农产品品牌化和标准化生产是乡村振兴战略的重要组成部分，也是推动冷链物流集货模式发展的重要动力。在品牌化和标准化的推动下，农产品市场将更加繁荣和活跃，冷链物流集货模式也将迎来更加广阔的发展前景。我们期待在乡村振兴战略的指引下，农产品品牌化和标准化生产能够取得更加显著的成果，为冷链物流集货模式的发展注入新的活力。

5.2.1.3 电商与农村市场的融合

电商与农村市场的融合为冷链物流集货模式带来了新机遇。乡村振兴战略推动了农村电商的发展。越来越多的农村居民选择在网上购买商品，尤其是生鲜食品。这为冷链物流集货模式提供了新的市场机会。通过与电商平台合作，冷链物流集货模式能够将农产品快速、安全地送达消费者手中，满足他们的需求。随着乡村振兴战略的实施，农村市场正迎来前所未有的发展机遇。在这一大背景下，电商与农村市场的融合日益紧密，不仅为农村居民带来了更多的消费选择，也为冷链物流集货模式带来了新的市场机会。

传统的农村市场，受限于地理位置和交通条件，农产品往往难以迅速进入城市市场，导致供需双方信息不对称，农民收益难以提升。而电商平台的兴起，打破了这一地域限制，使农村居民能够足不出户，就能浏览到来自全国各地的商品，并享受便捷的购物体验。其中，生鲜食品作为电商市场的一大亮点，正逐渐成为农村居民的消费新宠。随着生活水平的提高，农村居民对食品的品质和安全要求也在不断提高。而电商平台能够提供丰富的生鲜食品选择，以及便捷的购买方式，满足了他们的这一需求。然而，生鲜食品的特殊性质，要求物流运输必须快速、安全、可靠。这就为冷链物流集货模式提供了巨大的市场空间。冷链物流集货模式通过先进的物流技术和设备，确保生鲜食品在运输过程中的温度控制，减少损耗，提高品质。同时，通过集货的方式，能够降低物流成本，提高运输效率，使得生鲜食品能够更快、更安全地送达消费者手中。

在乡村振兴战略的推动下，越来越多的电商平台开始关注农村市场，积极与当地的农产品生产者合作，推动农产品的电商化销售。这不仅为农产品生产者提供了更广阔的销售渠道，也为冷链物流集货模式带来了新的发展机遇。通过与电商平台合作，冷链物流集货模式能够更深入地了解市场需求，根据消费者的购买习惯和偏好，提供更加精准的物流服务。同时，电商平台也能够借助冷链物流集货模式的优势，提高生鲜食品的品质和安全性，提升消费者的购物体验。除了生鲜食品外，农村电商市场还涵盖了农产品加工品、手工艺品、特色旅游等多个领域。这些领域同样需要冷链物流集货模式的支持。例如，农产品加工品需要确保在运输过程中的品质稳定；手工艺品需要避免在运输过程中受损；特色旅游则需要确保游客在旅途中能够享受到新鲜、安全的食品。

随着电商与农村市场的深度融合，冷链物流集货模式将在其中发挥越来越重要的作用。未来，我们有理由相信，随着技术的不断进步和市场的不断拓展，冷链物流集货模式将为农村电商市场带来更多的机遇和挑战。同时，我们也期待更多的企业能够加入到这一领域中来，共同推动农村电商市场的繁荣发展。

5.2.1.4 农业产业链的延伸

在乡村振兴战略的大背景下，农业产业链的延伸与拓展正逐步成为推动农村经济持续发展的新动力。传统的农业模式主要聚焦于种植和养殖环节，而现代农业则更加注重产业链的纵向和横向发展，通过多元化的产业融合，实现农产品的价值最大化。

农产品加工业的兴起是农业产业链延伸的重要一环。随着消费者对食品品质和安全性的要求不断提高，简单的农产品已经不能满足市场需求。基于此，农产品加工业应势崛起，通过对新鲜农产品进行精细加工，生产出多样化的食品、饮品及保健品等。这一过程不仅显著提升了农产品的经济价值，同时也极大地丰富了市场的产品种类，满足了消费者多元化的需求。例如，一些地方的特色水果，通过加工成罐头、果汁、果干等产品，不仅延长了销售周期，还提高了销售价格，为农民带来了更高的收益。

休闲农业的发展也为农业产业链的延伸注入了新的活力。随着城市生活节奏的加快，越来越多的城市居民渴望在周末或假期逃离城市的喧嚣，体验田园生活。休闲农业正好满足了这一需求，它将农业与旅游业相结合，为游客提供了观光、采摘、体验农事等多种服务。这不仅为农民带来了新的收入来源，还促进了农村经济的发展。同时，休闲农业的发展还带动了农村基础设施的改善和环境的提升，为农村的可持续发展奠定了基础。

在农业产业链延伸的过程中，冷链物流集货模式也发挥着越来越重要的作用。由于农产品具有易腐、易损的特点，其运输和储存对温度控制有着极高的要求。冷链物流集货模式通过集中采购、统一配送的方式，降低了物流成本，提高了物流效率，同时也保证了农产品的品质和安全。随着农业产业链的延伸和拓展，冷链物流集货模式将面临更多的货源和服务需求，为农村经济的发展提供了有力的支撑。具体而言，农产品加工业和休闲农业的发展将产生大量的物流需求。例如，加工后的农产品需要通过冷链物流运输到各地销售；休闲农业的游客也需要通过冷链物流将采摘的新鲜农产品带回家。这将促使冷链物流集货模式不断创新和完善，提高服务质量和效率。同时，农业产业链的延伸也将促进农村经济的多元化发展。通过发展农产品加工业、休闲农业等多元化产业，实现了收入的多元化。

5.2.1.5　政策扶持与引导

乡村振兴战略为冷链物流集货模式的发展提供了政策扶持和引导。政府通过出台相关政策，鼓励和支持冷链物流基础设施建设、技术创新和人才培养等方面的发展。这将为冷链物流集货模式提供更好的发展环境和条件，进一步推动其市场需求的增长。

政府出台政策旨在鼓励和支持冷链物流基础设施建设。冷链物流是农产品从生产地到消费地的重要环节，其基础设施建设直接关系到农产品的品质和安全。因此，政府通过财政补贴、税收优惠等手段，鼓励企业加大投入，建设高效、先进的冷链物流基础设施，包括冷库、冷藏车、温控设备等。这些基础设施的完善，为冷链物流集货模式的发展提供了坚实的基础，确保了农产品在运输过程中的品质和安全。

政府注重技术创新在冷链物流集货模式中的应用。随着科技的不断进步，物联网、大数据、人工智能等新技术在冷链物流领域得到了广泛应用。政府通过设立专项资金、搭建创新平台等方式，鼓励企业加强技术创新和研发，提高冷链物流的智能化、自动化水平。创新技术的应用，不仅提高了冷链物流的效率和准确性，还降低了运营成本，进一步推动了冷链物流集货模式的市场需求增长。此外，政府还加强了冷链物流人才培养和引进。冷链物流是一个复杂的系统工程，需要一支高素质、专业化的团队来运营和管理。政府通过制订人才培养计划、设立奖学金和助学金、引进优秀人才等方式，加强冷链物流人才的培养和引进。这些人才不仅具备丰富的冷链物流知识和技能，还具备创新意识和市场敏锐度，能够为冷链物流集货模式的发展提供有力的智力支持。

在政策扶持与引导下，冷链物流集货模式得到了快速发展。一方面，越来越多的企业开始涉足冷链物流领域，推动了冷链物流市场的竞争和繁荣。这些企业通过引进先进设备、优化管理流程、提高服务质量等方式，不断提升自身的竞争力，满足了市场对冷链物流的多样化需求。另一方面，冷链物流集货模式也为农产品流通带来了革命性的变化。通过集中采购、统一配送等方式，降低了农产品的流通成本和时间成本，提升了农产品的附加值和市场竞争力。

5.2.1.6 国际贸易的机遇

在全球经济一体化的背景下，国内外市场的进一步融合为农产品提供了更广阔的销售渠道，而冷链物流集货模式成为连接国内外市场的重要"桥梁"，为农产品国际贸易的发展提供了重要支撑。乡村振兴战略的实施提升了农产品的品质和竞争力。在乡村振兴战略的引领下，我国农业领域实施了一系列重大改革，包括强化农业科技研发、调整农业产业布局以及提升农产品质量与安全标准。这些措施的实施，极大地提高了我国农产品的整体品质，使其在国际贸易中展现出更强的竞争优势。随着品质的提升，我国农产品赢得了更多国际消费者的信任与喜爱，进一步巩固了在国际市场的地位。

随着农产品品质的提升和竞争力的增强，农产品国际贸易的需求也日益增长。国际市场对高质量、安全可靠的农产品需求不断增长，为我国农产品出口提供了广阔的市场空间。而冷链物流集货模式则成为满足这一需求的重要手段。通过冷链物流集货模式，农产品可以在运输过程中保持恒定的温度和湿度条件，确保农产品的品质和安全。

冷链物流集货模式在农产品国际贸易中的应用具有多方面的优势。该模式通过集中采购和统一配送的方式，有效减少了农产品的流通成本和时间成本。集中采购策略降低了采购成本，而统一配送通过优化物流路径和缩短运输时间，进一步削减了物流成本。这一系列措施不仅提升了农产品的运输效率，而且确保了产品在运输过程中的品质与安全。

冷链物流集货模式通过整合物联网和大数据技术，极大地增强了农产品的可追溯性和市场透明度。这种技术的应用使从生产至销售的每一个环节都能被精确追踪和监控，从而确保了农产品的品质和安全性，同时也提升了消费者对产品的信任度和满意度。在国际贸易中，这种高度的可追溯性和透明度是农产品增强竞争力的关键因素，因此，冷链物流集货模式在此领域具有不可忽视的优势。

此外，冷链物流集货模式还可以促进农产品国际贸易的多元化发展。通过集中和配送来自不同地区的农产品，该模式实现了产品供应的多样化，满足了国际市场对各类农产品的需求。这不仅加强了不同地区间的经济合作与交流，还推动了农产品加工和休闲农业等相关产业的多元化发展，进一步扩大了农产品国际贸易的市场潜力。

综上所述，乡村振兴战略的实施推动了农产品国际贸易的发展，而冷链物流集货模式则成为连接国内外市场的重要"桥梁"。通过冷链物流集货模式的应用，可以实现农产品的集中采购和统一配送、提高农产品的可追溯性和透明度、促进农产品国际贸易的多元化发展等目标。这将为冷链物流集货模式提供更广阔的市场空间和发展机遇，进一步推动其在国内外的应用和发展。

5.2.2 推动产业升级和转型

乡村振兴战略的实施，旨在推动农业产业的现代化和转型升级，实现农村一二三产业的深度融合发展。冷链物流作为现代农业产业链中不可或缺的一环，发挥着关键的连接作用，对促进农业产业升级和转型具有至关重要的意义。

5.2.2.1 冷链物流在农业产业升级中的作用

在农业产业升级的过程中，冷链物流作为农产品流通的重要保障，其作用日益凸显。通过加强冷链物流基础设施建设，如建设冷库、购置冷藏车辆、配备温控设备等，可以确保农产品在运输、储存和配送过程中保持恒定的温度和湿度条件，有效延长农产品的保鲜期和货架期。这不仅提高了农产品的品质和市场竞争力，也为农产品的出口提供了有力支持。

5.2.2.2 冷链物流推动农业产业转型

冷链物流的发展不仅有助于提升农产品的品质和市场竞争力，还能推动农业产业的转型。农业产业需要向更加注重品质、安全和服务的方向发展。冷链物流正是实现这一转型的重要手段之一。

冷链物流能够推动农业产业的品牌化和标准化发展。在冷链物流的保障下，农产品可以更加安全、可靠地进入市场，提高消费者对农产品的信任度和满意度。同时，通过引入物联网、大数据等先进技术，可以实现对农产品的全程追溯和监控，确保农产品的品质和安全。这有助于提升农产品的品牌形象和附加值，推动农业产业的品牌化和标准化发展。

冷链物流能够促进农业产业的多元化发展。在冷链物流的支持下，农产品可以更加灵活地进入国内外市场，满足多样化的市场需求。同时，冷链物流还可以与休闲农业、乡村旅游等产业相结合，推动农业产业的多元化发展。这不仅可以拓展农业产业的市场空间，还可以提高农业产业的综合效益。

5.2.2.3　加强冷链物流基础设施建设

为了实现农业产业的升级和转型，需要进一步加强冷链物流基础设施建设。这包括加大财政投入力度，支持冷库、冷藏车辆、温控设备等基础设施的建设和改造；加强技术创新和研发力度，推动物联网、大数据等先进技术在冷链物流领域的应用。

总之，乡村振兴战略的实施为农业产业的升级和转型提供了重要机遇，在这个过程中，冷链物流作为现代农业产业链中的重要环节，发挥着关键的连接作用。通过加强冷链物流基础设施建设、提高农产品的流通效率和质量、推动农业产业的品牌化和标准化发展以及促进农业产业的多元化发展等措施，可以进一步推动农业产业的升级和转型，实现农业现代化。

5.2.3　扩大高品质市场供给

在当今社会，随着生活水平的提高和消费观念的转变，消费者更加注重食品的品质、安全和健康。冷链物流作为现代物流体系中的重要一环，其发展壮大对扩大高品质市场供给、促进农产品品牌建设以及提升市场竞争力具有举足轻重的意义。

冷链物流的发展壮大极大地拓宽了高品质农产品的市场供给。传统的农产品流通方式由于技术限制和保鲜手段的不足，往往导致农产品在流通过程中损耗大、品质下降。而冷链物流通过采用先进的制冷技术和设备，以及严格的温控管理，有效延长了农产品的保鲜期，保持了农产品的新鲜度和营养价值。这使更多高品质的农产品能够进入市场，满足消费者对高品质生活的追求。

冷链物流的发展提升了农产品的市场竞争力。在全球化的大背景下，农产品市场竞争日益激烈。要想在激烈的市场竞争中脱颖而出，就必须不断提升农产品的品质和安全性。冷链物流的发展使农产品在运输和储存过程中能够更好地保持其品质和安全性，从而提高了农产品的市场竞争力。同时，冷链物流的发展也推动了农产品供应链的优化和整合，降低了农产品流通成本，提高了农产品的价格竞争力。这使得农产品在市场竞争中更加具有优势，能够更好地满足消费者的需求。具体来说，冷链物流在扩大高品质市场供给方面的作用体现在以下几个方面：一是通过降低农产品损耗率，提高了农产品的有效供给；二是通过保持农产品的新鲜度和营养价值，满足了消费者对高品质农产品的需求；三是通过推动农产品生产的标准化、规模化和品牌化，提升了农产品的整体品质和市场竞争力。同时，冷链物流的发展也促进了农产品产业链的延伸和拓展，推动了农村经济的发展和繁荣。

综上所述，冷链物流的发展壮大对扩大高品质市场供给、促进农产品品牌建设以及提升市场竞争力具有重要的作用。我们应该进一步加强对冷链物流的投入和支持，推动其持续健康发展，为农业产业的升级和发展注入新的动力。

5.3 冷链物流集货模式与乡村振兴的协同发展路径

在当前的经济环境下，冷链物流系统的建设和维护面临着巨大的投资压力和网络构建的高成本。单个企业往往难以独立承担这样的重负，更不用说提供覆盖全程的高质量冷链物流服务。特别是在我国，农业生产模式多以小规模经营为主，这种模式导致了供应的分散性和多样性，以及生产过程中的低集约化、低标准化和低现代化水平。这些因素共同作用，使得农产品的集货成本居高不下，流通环节复杂，资源整合和规模化流通难以实现。

因此，为了有效应对这些挑战，必须推动不同类型的物流主体之间的合作，共同构建一个覆盖生鲜农产品的冷链物流网络体系。这一体系的核心在于实现全程冷链物流服务的一体化，确保从生产到消费的每一个环节都能得到有效控制和优化。为了达到这一目标，需要建立一个由生鲜农产品冷链物流集成商主导的协同组织。这个组织将负责整合分散的冷链物流资源，通过各主体企业之间的紧密协作和信息资源的共享，实现冷链物流环节的无缝对接和一体化运作。

通过这样的协同组织，不仅可以确保农产品的安全，提高物流效率，还能有效降低物流成本，从而为消费者提供更加安全、高效的冷链物流服务。这不仅是对冷链物流行业的一次重大革新，也是对我国农业生产模式转型升级的重要支撑。

5.3.1　协同影响因素

在探讨生鲜农产品冷链物流协同的关键影响因素时，必须关注价值融合、资源互补、需求驱动以及技术因素。这些因素共同构成了协同合作的基础框架。协同主体之间共享的价值观和强烈的合作意愿是推动协同成功的核心。只有当所有参与冷链物流的实体都致力于保障产品质量安全、提升物流效率和降低成本，才能实现合作效益的最大化。目前，我国冷链物流的基础设施资源相对不足，特别是在源头端的冷链仓储设施方面存在明显的短缺。为了克服这一挑战，协同主体需要共同投资或共享产地冷链仓储资源，确保从产地到干线的冷链物流系统无缝对接，从而完善整个冷链物流链条。

此外，物流运作的高效执行依赖于强大的信息系统和先进的信息技术。在协同合作中，信息的共享是提升协同效能的关键。通过优化信息流通，可以显著提高决策的准确性和物流操作的效率，进一步增强冷链物流的整体协同效果。

5.3.2　协同内容

在追求生鲜农产品冷链物流系统的全面协调发展时，必须高度重视三大协同机制：信息协同、设施设备协同以及作业协同。信息协同是确保整个物流系统能够迅速响应市场需求的关键。通过构建一个综合性的冷链物流服务平台，可以有效地整合农产品供应链中各个环节的生产、分销、仓储和配送计划，并与下游物流企业实现信息的无缝对接，从而确保物流系统的高效运作。

设施设备协同涉及共同投资和设备共享的策略。这要求明确冷链物流系统对资源的具体需求，并建立一套共同投资的机制，以及风险分担和资源共享的规则。这种协同不仅能够提高资源的使用效率，还能降低成本，增强系统的整体竞争力。

作业协同着重标准化作业质量的建设。由于冷链物流对温度、湿度和时效性有极高的要求，因此，物流系统中的各个操作主体必须保持作业质量的高度一致性。生鲜农产品冷链物流集成商需要与农产品生产或流通企业合作，共同制定统一的作业质量标准，并对下游物流企业进行系统的培训和严格的监督，以确保整个物流过程的质量控制。

通过这些协同机制的实施，可以显著提升冷链物流系统的整体效能，确保生鲜农产品从生产到消费的每一个环节都能保持最佳状态，满足市场和消费者的需求。

5.3.3 冷链物流集货模式与乡村振兴的协同发展路径

5.3.3.1 培育平台型冷链物流龙头企业

在冷链物流集货模式与乡村振兴的协同发展路径中，培育平台型冷链物流龙头企业至关重要。当前，我国冷链物流行业普遍面临着散、小、杂的发展状态，这主要是由于许多冷链物流企业采用重资产运行模式，即大量投资于冷库和冷藏车辆等基础设施，导致资本占用高、规模扩张缓慢。这种模式虽然在一定程度上保障了冷链物流的基本服务，但限制了企业向更高层次、更广泛领域的发展。

在乡村振兴战略的背景下，冷链物流行业需要发挥更大的作用，连接乡村与城市，推动农产品的流通和增值。然而，要实现这一目标，必须打破现有的行业格局，培育出一批具有强大实力和广泛影响力的平台型冷链物流龙头企业。

平台型冷链物流龙头企业不仅能够通过规模化、集约化的运营降低成本、提高效率，还能通过信息技术手段整合产业链资源，优化资源配置，减少信息不对称。这样的企业能够建立起一个完善、高效的冷链物流网络，覆盖更广泛的地区，提供更全面、更优质的服务。

为了培育这样的平台型冷链物流龙头企业，政府需要发挥重要的推动作用。政府应出台一系列扶持政策，如用地、税收、投融资等方面的优惠，降低企业运营成本，鼓励企业加大投入、扩大规模。同时，政府还应加强行业监管，规范市场秩序，防止恶性竞争和不当行为的发生，为平台型冷链物流龙头企业的成长提供良好的市场环境。

此外，政府还应引导冷链物流企业加强技术创新和模式创新。随着物联网、大数据、人工智能等新一代信息技术的不断发展，冷链物流行业也迎来了转型升级的机遇。政府可以鼓励企业利用这些新技术提升冷链物流的智能化、自动化水平，提高服务质量和效率。同时，政府还可以推动冷链物流企业与农业、电商等其他产业的深度融合，拓展冷链物流的应用场景和业务范围。

在培育平台型冷链物流龙头企业的过程中，企业也应发挥自身的积极性。企业应注重品牌建设，提升服务质量和竞争力；加强人才培养和引进，提高员工的专业素质和服务水平；加强与上下游企业的合作与沟通，形成紧密的产业链合作关系；同时还应关注行业发展趋势和市场需求变化，不断调整和优化自身的业务模式和发展战略。

5.3.3.2 培育产地农产品生产龙头企业

在产业帮扶和产业振兴的大背景下，各级政府对农业种养项目给予了前所未有的关注和支持，投入了大量的扶持资金。然而，令人遗憾的是，在许多县域地区，这些种养项目并未如预期般形成规模化的产业，这在一定程度上限制了乡村经济的发展，也阻碍了冷链物流体系的完善与扩展。当前，乡村农业种养项目面临的问题主要有四个方面：一是种养规模普遍偏小，难以实现规模效应和成本降低；二是种养项目往往未能深入市场调研，导致产品不符合市场需求，造成资源浪费；三是缺乏统一的产业发展规划，使产业布局散乱，难以形成合力；四是品牌意识不强，缺乏有影响力的农产品品牌，导致农产品市场竞争力不足。

为了解决这些问题，政府需要进一步加强乡村产业发展规划，培育农产品生产龙头企业。这些龙头企业不仅应具备先进的生产技术和设备，还应具备敏锐的市场洞察力和强大的品牌影响力。通过龙头企业的示范和带动作用，可以引导农户按照市场需求进行生产经营，实现规模化、标准化、品牌化的发展。

具体而言，政府可以采取以下措施来培育农产品生产龙头企业：

提供政策扶持：制定针对农产品生产龙头企业的优惠政策，如财政补贴、税收优惠、土地优惠等，降低企业运营成本，提高其市场竞争力。

加强技术支持：鼓励和支持龙头企业引进先进的农业技术和设备，提升农产品品质和产量。同时，加强农业科技服务体系建设，为农户提供技术咨询和培训服务。

促进市场对接：搭建农产品产销对接平台，帮助龙头企业与农户建立紧密的合作关系。通过订单农业、合同种植等方式，确保农产品有稳定的销售渠道和市场价格。

加强品牌建设：引导和支持龙头企业加强品牌建设，提升农产品的知名度和美誉度。通过品牌宣传和推广，提高农产品的市场竞争力和附加值。

推动冷链物流发展：鼓励和支持龙头企业建设和完善冷链物流体系，确保农产品在运输过程中保持新鲜度和品质。通过冷链物流的发展，降低生鲜农产品的上行物流成本，提高农产品的市场竞争力。

5.3.3.3 联动乡村产业规划合理布局产地冷库

针对我国产地冷链设施缺乏、采后处理技术落后导致的果蔬产品损耗问题，我们必须加强冷链设施布局的统一规划，并与乡村产业布局规划进行紧密的双向联动。这一策略对于提升农产品质量、减少损耗、增加农民收入以及推动乡村经济振兴具有重要意义。

第一，以县域为单位进行产地冷链设施布局的整体规划是必要的。县域作为地方行政管理的基本单位，其范围适中，便于进行细致而全面的规划。通过县域统筹，可以确保冷链设施建设的系统性和连贯性，避免重复建设和资源浪费。

第二，联动乡村振兴的"一村一品、一村一业"规划是关键。在乡村振兴过程中，许多村庄根据自己的地理、气候和资源优势，发展了具有特色的农产品。这些特色农产品往往具有较大的市场潜力和经济效益。因此，在规划产地冷链设施时，应充分考虑这些特色农产品的生产情况和需求，确保冷链设施能够满足其储存、运输和销售的需要。

第三，必须充分考虑产地与储存点之间的距离。合理的布局能够减少运输成本和时间，保证农产品的新鲜度和品质。在田头建设小型预冷仓库，可以迅速降低农产品的温度，延长其保鲜期。而在县域范围内建设冷链集中储存配送中心，则可以实现农产品的集中储存、统一配送，提高物流效率。

第四，果蔬类生鲜产品的生产具有季节性，这是我们必须面对的现实。在规划乡村产业时，应充分考虑这一特点，根据季节优势合理配置产业。例如，在果蔬丰收季节，应增加冷链设施的投入和使用，确保农产品能够及时储存和运输；而在淡季，可以适当调整冷链设施的使用，避免资源浪费。

综上所述，联动乡村产业规划合理布局产地冷库是减少农产品损耗、提升农产品质量、推动乡村经济振兴的重要举措。我们需要加强冷链设施布局的统一规划，与乡村产业布局规划进行紧密的双向联动，确保冷链设施能够满足农产品的储存、运输和销售需求，同时提高物流效率，降低运输成本和时间，保证农产品的新鲜度和品质。

5.3.3.4　加强冷链物流技术应用与创新

在推动冷链物流行业的持续发展过程中，技术应用与创新是关键所在。产品储存、运输、配送过程的质量监控不仅是冷链的关键控制点，更是确保食品安全、提升消费者满意度以及实现冷链物流系统各协同参与主体间责任明确划分的重要依据。为了加强冷链物流技术应用与创新，政府应发挥关键作用，特别是在政策资金方面应给予大力支持。政府应加大对冷链仓储、冷链车辆等基础设施建设的投入，确保这些基础设施能够满足人民日益增长的冷链物流需求。同时，政府还应鼓励企业采用先进的温度调节系统，确保产品在储存和运输过程中始终处于适宜的温度环境，从而保持产品的新鲜度和品质。

除了硬件设施的投入外，政府还应关注数字化技术在冷链物流领域的应用。人工智能、大数据和云计算等数字化技术可以为冷链物流提供强大的数据支持，实现对产品储存、运输、配送过程的实时监控和精准管理。政府应出台相关政策，鼓励企业加大对数字化技术的研发投入，推动冷链物流行业的数字化转型。

在技术创新方面，政府可以通过设立专项资金、提供税收优惠、组织技术交流活动等方式，鼓励企业开展技术创新。同时，政府还应加强与企业、高校和科研机构的合作，共同推动冷链物流技术的研发和应用。通过技术创新，不仅可以提高冷链物流的效率和安全性，还可以降低运营成本，推动冷链物流行业的可持续发展。

总之，加强冷链物流技术应用与创新是提升冷链物流行业水平的关键。政府应发挥主导作用，通过政策资金支持和鼓励技术创新，推动冷链物流行业向数字化、智能化方向发展。这将有助于提升冷链物流的效率和安全性，保障食品安全和消费者利益，同时也有助于推动乡村产业振兴和经济发展。

5.3.3.5 推动生鲜电商与冷链物流协同发展

随着生鲜电商和电子商务的蓬勃发展以及城乡居民消费结构的升级，消费者对生鲜产品的线上购买需求日益增长，使生鲜电商成为主流消费模式之一。这一变化不仅为农产品生产者提供了新的销售渠道，也对物流综合服务能力提出了更高的要求。生鲜电商与冷链物流的协同发展，对推动整个产业链的优化升级、提高农产品流通效率、降低物流成本具有重要意义。

第一，生鲜电商的发展为冷链物流提供了广阔的市场空间。随着消费者对生鲜产品品质和新鲜度的要求不断提高，传统的物流模式已经难以满足市场需求。而生鲜电商的崛起，使冷链物流成为连接农产品生产者和消费者的重要"桥梁"。通过冷链物流，可以确保农产品在运输过程中的温度控制、湿度调节和卫生安全，从而保证产品的新鲜度和品质。

第二，生鲜电商的发展推动了冷链物流技术的创新和升级。为了满足生鲜电商对物流服务的高要求，冷链物流企业需要不断引进新技术、新设备，提高物流效率和服务质量。例如，采用先进的温度控制技术和设备，可以确保农产品在储存和运输过程中的温度稳定性；利用物联网技术，可以实现对农产品运输过程的实时监控和追踪；借助大数据和云计算技术，可以对物流数据进行深度分析和挖掘，为企业的决策提供支持。

第三，生鲜电商与冷链物流的紧密合作，显著优化了农产品的供应链管理，有效减少了流通环节的数量，并大幅度降低了物流成本。在传统模式下，农产品的流通路径复杂，涉及从生产到收购，再到储存、运输、批发，最终到达零售的多个步骤，每一步都伴随显著的人力和物力投入。然而，生鲜电商通过其在线平台，实现了农产品从田间直接到消费者餐桌的直供模式，这一变革不仅精简了供应链，减少了不必要的中间环节，还显著提升了农产品的运输效率和安全性。这种模式的发展，为农产品流通带来了革命性的变化，使整个供应链更加高效、透明，同时也为消费者提供了更加新鲜、安全的食品选择。

第四，生鲜电商与冷链物流的协同发展还有助于推动乡村产业振兴和经济发展。通过生鲜电商平台，农产品可以更加便捷地进入市场，为农民带来更多的经济收益。同时，冷链物流的发展也为乡村产业提供了更加完善的基础设施和服务支持，推动了乡村产业的转型升级和可持续发展。

综上所述，农产品冷链物流在存储和运输方面对环境条件及时间效率提出了更为严格的要求。这不仅意味着在构建农产品冷链物流体系时需要投入更多的资金和采用更为先进的技术，还要求在冷链物流的各个环节中实现高度的协同合作，以提高整体的工作效率。展望未来，互联网平台与物流网络的结合将成为农产品冷链物流发展的新趋势。通过整合冷链物流服务提供商与下游物流企业，构建一个综合性的冷链物流服务平台，可以实现信息、设施设备以及作业流程的协同，为农产品供应链的各个环节提供一体化的冷链物流解决方案。这样的平台能够有效保障农产品的质量，提升整个冷链物流系统的效率，并降低物流成本。政府应通过支持平台型冷链龙头企业的发展，培育产地农产品生产的领军企业，合理规划乡村产业布局中的产地冷库，推广冷链物流技术的应用与创新，以及促进生鲜电商与冷链物流的协同发展，共同推动农产品冷链物流的高效协同发展。

第6章 区域农产品冷链物流集货模式的发展前景

农产品冷链物流作为保障农产品质量和安全的重要环节,在现代农业发展中占据着举足轻重的地位。随着区域经济一体化和消费者需求多样化的发展趋势,农产品的流通速度和范围不断扩展,对冷链物流的要求也越来越高。集货模式作为冷链物流的重要组成部分,对提高物流效率、降低成本、提升农产品市场竞争力具有重要意义。

6.1 农产品冷链物流集货模式的发展趋势

6.1.1 提升农产品冷链物流信息化和自动化服务水平

随着信息技术的快速发展,农产品冷链物流行业的信息化与自动化水平不断提升,在提高物流效率、降低成本、增强服务能力等方面发挥了重要作用。随着全球化进程的加快和电子商务的迅猛发展,农产品冷链物流行业作为现代经济的重要支撑,其信息化和自动化水平的提升成为行业发展趋势。农产品冷链物流信息化与自动化不仅关系到冷链物流成本的控制和服务质量的提升,更关系到整个供应链的效率和竞争力。

6.1.1.1　加快农产品冷链物流信息化平台的建设

农产品冷链物流信息化与自动化是现代物流行业的重要发展方向，它们通过整合先进的信息技术、自动化设备和系统，实现了农产品冷链物流过程中信息的实时跟踪、处理和优化决策，从而为农产品冷链物流行业带来了革命性的变化。在全球化和电子商务的推动下，消费者对农产品冷链物流服务的时效性、准确性和个性化需求不断提高，这对农产品冷链物流企业提出了更高的要求。农产品冷链物流信息化与自动化的应用，不仅能够提高农产品冷链物流作业的效率，降低人力成本，还能够实现对农产品冷链物流过程的实时监控和管理，从而更好地满足客户需求，提高客户满意度。一是农产品冷链物流企业应当加速互联网信息化平台的建设。以互联网技术为基础的农产品冷链物流信息化平台建设是今后冷链物流信息建设的主流，其实现了行业内各组成部分之间信息便捷、快速地共享与交流，能够将分布在不同地域的农产品冷链物流信息相衔接，并通过平台来对农产品货物加以调控。二是农产品冷链物流企业应当加速协同间的冷链物流信息化平台建设。协同间的冷链物流信息化平台是一项不容小觑的系统性工程，也是农产品冷链物流信息系统实现信息交换与共享的关键。它具备系统接口、交易处理、数据抽取、信息发布、用户权限以及信息咨讯等功能，可以最大程度地实现个性化的优质服务，提高农产品冷链物流营运效率。

6.1.1.2　加大对先进农产品冷链物流信息技术的运用

伴随日新月异的农产品冷链物流信息化建设技术的研究与开发，各种高性能、高水平的冷链物流信息化技术也如雨后春笋般出现，并逐步应用于实践。现代化技术的不断开发为农产品冷链物流信息化建设带来了契机，大大提高了冷链物流信息标准化平台对信息的反应速度和处理能力，提升了冷链物资资源的利用效率。因此，农产品冷链物流企业的冷链物流信息化建设应该紧跟时代步伐，加速对先进农产品冷链物流信息化技术的运用，以提高冷链物流信息系统的整体性能与工作效率。

农产品冷链物流信息化服务水平的提升，还对冷链物流行业的可持续发展具有重要意义。通过优化农产品冷链物流流程，减少无效农产品冷链运输和仓储，农产品冷链物流信息化与自动化有助于降低冷链物流行业的能源消耗和环境污染，实现农产品冷链绿色物流的目标。同时，农产品冷链物流信息化与自动化还能够提高冷链物流行业的抗风险能力，通过实时监测和预警系统，及时应对各种突发事件，保障冷链物流系统的稳定运行。

6.1.2   农产品冷链物流资源整合和协同效应日益凸显

6.1.2.1   整合农产品冷链物流资源，提升冷链物流运作效率

农产品冷链物流产业的核心就是提高冷链物流产业的运转效率、降低冷链物流的成本并提高客户的满意度，农产品冷链物流产业呈现出标准化、信息化、自动化以及网络化的特征。农产品冷链物流资源整合是指通过有效手段和机制，将分散的农产品冷链物流资源有机地组织起来，形成整体合力，以提高冷链物流行业的运作效率和服务质量水平。协同效应源于系统科学中的协同学理论，强调不同组成部分之间相互合作，共同推动冷链物流系统向更高效能的方向发展。白兰（2019）对京津冀城市群内的冷链物流资源整合情况进行了研究，通过联盟链构建起了城市群内的冷链物流整合方案；贺盛瑜和姚源果（2019）、贺盛瑜等（2020）从企业内部资源整合和评测的角度出发，采用因子分析法和结构方程模型对农产品冷链物流发展影响因素和企业运营效果进行了研究，发现了行业技术、经济等对农产品冷链物流发展影响较大。此外，学者们还对农产品冷链物流运行过程中的智能传感设备、运输跟踪设备、供应链等内容进行了探究，取得了大量卓有成效的成果。

6.1.2.2   农产品冷链物流资源整合是冷链物流管理的核心内容之一

为了推进冷链物流行业顺利发展，我国也颁布了针对冷链物流体系建设、便利冷链物流迅速发展和促进农副产品互相流通的相关政策，使冷链物流行业日益规范化和信息化。冷链物流涉及对运输、仓储、配送、信息处理等多个环节的资源进行统一规划和协调，以实现资源的最优配置。这

一过程不仅能够提高农产品冷链物流效率，降低运营成本，还能够提升客户服务质量。农产品冷链物流协同效应的实现需要物流各参与主体之间建立良好的合作关系，通过信息共享、资源整合和流程优化等方式，形成强大的竞争力。

从全国冷链物流基础设施建设方面来分析，由于冷库条件建设将趋于合理，可使用冷藏车、冷库总容量与保温车保有量将会持续上升。在乡村振兴的背景下，城乡居民的需求也越来越多样化，从而导致了电子商务模式的不断创新，生鲜、跨境电商以及O2O市场规模的不断扩张，也对冷链物流发展提出了更高的要求。冷链物流模式同时也在不停地创新，从单一模式的冷链运输仓储向综合物流服务模式转变，冷链物流技术水平和冷链物流的标准建设也相继迈入一个新的台阶。由于国内消费水平的不断提高，未来的冷链物流发展规模将不断扩展，国内冷链物流行业的成长也将进入一个新的阶段。而冷链物流行业进入了飞快的提升期，体现在我国冷链物流行业的严格监督管理、健康绿色发展和现代技术的深层次应用，而国内的冷链物流行业也被大力推动转型。

优化农产品冷链物流资源整合策略，加强各参与主体之间的协同，提升冷链物流行业的整体运作效率和服务质量。在新一轮科技革命和产业变革的背景下，农产品冷链物流资源整合将更加适应新的市场需求和技术发展，实现更加高效、智能、绿色的物流服务。

6.1.3 绿色物流和可持续发展理念逐渐深入人心

绿色物流是指采用环保、可持续的方法和手段，对物流活动进行管理和优化，以减少对环境的负面影响，并提高资源利用效率。它涵盖了从原材料的获取、加工、运输、存储、包装到最终消费者的整个供应链过程。绿色物流的主要目标是减少能源消耗、减少污染排放、降低废物产生和提高资源利用效率。为了实现这一目标，可以采取一系列策略和方法，如优化运输路线、减少不必要的包装、提高装载效率等。同时，采用环保的运输工具，如电动汽车、太阳能车等也是绿色物流的重要措施之一。此外，还需要加强对员工的环保意识培训，确保在整个供应链中实施绿色理念。

可持续发展是当今社会面临的重要挑战之一。随着全球经济的不断发展，资源的消耗和环境问题日益严重。可持续发展旨在实现经济、社会和环境的协调发展，以满足当前人类需求的同时不损害未来世代的需求和权益。物流行业作为现代经济的重要组成部分，对可持续发展具有重要影响。通过实施绿色物流策略和方法，物流行业可以显著降低其对环境的影响，促进可持续发展。此外，通过技术创新和合作，物流行业还可以进一步推动可持续发展的实践。例如，通过推广可再生能源的使用、优化供应链管理等方式来降低整个供应链的能耗和碳排放量，从而为可持续发展做出贡献。

综上所述，绿色物流和可持续发展是相互关联的两个概念。通过实施绿色物流策略和方法，物流行业可以促进可持续发展目标的实现。同时，可持续发展也为绿色物流提供了更广阔的应用前景和发展空间。

6.2　冷链物流集货模式创新的思路与建议

6.2.1　当前冷链物流集货模式的主要特点

当前冷链物流集货模式的主要特点体现在其高效性、专业性和协同性上。以高效性为例，现代冷链物流集货模式通过引入先进的物流管理系统和智能化技术，实现了对货物信息的实时监控和快速处理。例如，美团优选生鲜电商平台通过应用物联网技术，实现了对冷藏车辆温度的实时监控和预警，有效保障了生鲜产品的新鲜度和品质。同时，该平台还通过大数据分析，对货物的运输路径和配送时间进行了优化，提高了整体物流效率。

在专业性方面，冷链物流集货模式注重对货物的专业处理和储存。针对不同类型的生鲜产品，冷链物流集货中心配备了专业的冷藏设备和保鲜技术，确保货物在运输和储存过程中保持最佳状态。此外，冷链物流集货模式还注重与供应商和零售商的协同合作，通过信息共享和资源整合，实现供应链的优化和协同。这种协同性不仅提高了冷链物流效率，还降低了运营成本，为整个供应链带来了更大的价值。

冷链物流集货模式还注重绿色环保和可持续发展。随着社会对环保意识的不断提高，冷链物流集货模式也在不断探索绿色、低碳的运输方式。例如，一些先进的冷链物流企业开始采用新能源冷藏车辆，减少了对环境的污染。同时，它们还通过优化运输路径和减少空驶率，降低了能源消耗和碳排放。这些举措不仅有助于提升冷链物流企业的社会形象，也为推动冷链物流行业的可持续发展做出了积极贡献。

6.2.2 冷链物流集货模式创新的思路

6.2.2.1 引入智能化技术提升集货效率

在冷链物流集货模式的创新中，引入智能化技术成为提升集货效率的关键举措。通过应用物联网、大数据、人工智能等先进技术，冷链物流集货过程实现了智能化管理和优化。借助物联网技术可以实时监控货物的温度、湿度等关键指标，确保货物在运输过程中的品质安全。同时，大数据技术可以对历史数据进行挖掘和分析，预测未来的货物流量和流向，为集货路径的优化提供有力支持。此外，人工智能技术可以通过机器学习算法对集货过程进行智能调度和决策，提高冷链物流集货效率。

以"百色一号"冷链物流企业为例，该企业引入了智能化技术，实现了对集货过程的全面优化。通过应用物联网技术，企业能够实时监控货物的状态，及时发现并处理异常情况，确保货物在运输过程中的品质安全。同时，借助大数据技术，企业预测了未来的货物流量和流向，优化了集货路径和配送网络，降低了运输成本。此外，该企业还利用人工智能技术，实现了对集货过程的智能调度和决策，提高了集货效率。据统计，引入智能化技术后，该企业的集货效率提升了 25% 左右，运输成本降低了 18% 左右，实现了显著的效益提升。

智能化技术的应用不仅提升了冷链物流集货的效率，还为企业带来了更多的竞争优势。通过智能化管理，企业能够更好地掌握货物的状态和运输情况，提高客户满意度。同时，优化后的集货路径和配送网络能够降低运输成本，提高企业的盈利能力。此外，智能化技术还能够帮助企业应对市场变化，快速调整集货策略，提高市场响应速度。因此，引入智能化技术对冷链物流集货模式的创新具有重要意义。

6.2.2.2 优化集货路径与配送网络

在冷链物流集货模式的创新中，优化集货路径与配送网络是提升整体效率的关键环节。当前，一些冷链物流企业在集货过程中存在路径规划不合理、配送网络覆盖不全面等问题，导致物流运输成本上升、货物损耗增加。因此，通过引入先进的路径优化算法和配送网络设计技术，可以有效解决这些问题。

以"百色一号"冷链物流企业为例，该企业通过引入智能路径规划系统，实现了对集货路径的精准优化。系统根据货物的分布、运输车辆的载重和耗能等因素，自动计算出最优的集货路径，有效减少了运输时间和成本。同时，该企业还通过构建多层次的配送网络，实现了对市场的全面覆盖。通过合理布局配送中心、中转站和末端配送点，提高了货物的配送效率和准时率。

除了引入智能技术外，冷链物流企业还可以通过数据分析来优化集货路径与配送网络，通过对历史数据的挖掘和分析，可以找出运输过程中的瓶颈环节和物流资源浪费现象，进而制定针对性的优化措施。此外，还可以利用大数据分析来预测市场需求和货物分布趋势，为集货路径和配送网络的优化提供有力支持。因此，在优化集货路径与配送网络时，需要充分考虑其他环节的需求和约束条件，确保整个供应链的协同性和高效性。

6.2.2.3 创新集货模式，降低运营成本

在创新集货模式的过程中，数据分析模型的应用也起到了关键作用。通过对历史数据的挖掘和分析，企业可以找出集货过程中的瓶颈和浪费点，进而提出针对性的改进措施。数据分析还可以帮助企业预测未来的市场趋势和需求变化，为制定更加精准的集货策略提供依据。正如著名管理学家彼得·德鲁克所言："管理就是决策、组织、指挥、协调和控制。"通过创新集货模式，物流企业可以更好地实现这些管理职能，从而降低物流成本、提高物流效率。

除了技术和数据分析的应用外，创新集货模式还需要注重与供应链其他环节的协同。例如，通过与供应商和客户的紧密合作，企业可以更加精准地掌握货物的需求和供应情况，从而优化集货计划和配送网络。此外，企业还可以通过与第三方物流服务商的合作，实现资源的共享和互补，进一步降低运营成本。这种协同合作的方式不仅提升了整个供应链的效率和协同性，还有利于增强供应链的抗风险能力。

6.2.3 冷链物流集货模式创新面临的挑战与对策

6.2.3.1 技术应用与人才培养的挑战

在冷链物流集货模式的创新过程中，技术应用与人才培养是冷链物流集货面临的两大核心挑战。随着物联网、大数据、人工智能等技术的快速发展，冷链物流行业对技术应用的依赖程度日益加强。然而，目前行业内技术应用的普及程度仍然有限，许多企业面临着技术更新换代的压力。相关数据显示，仅有不到30%的冷链物流企业能够利用现代科技手段提升集货效率，这主要是因为技术投入成本高，以及冷链物流企业对于新技术的接受度和应用能力有限。

冷链物流人才培养也是冷链物流集货模式创新中不可忽视的环节。冷链物流行业需要具备专业知识和技能的人才来支撑其持续发展。然而，目前行业内人才供给与需求之间存在较大缺口。一方面，冷链物流领域的专业人才数量不足，难以满足行业快速发展的需求；另一方面，现有从业人

员的技能水平也亟待提升，目前，一些企业尝试引入智能化技术提升集货效率，但由于缺乏具备相关技术背景的人才，导致项目进展缓慢，甚至一度陷入停滞状态。

面对这些挑战，冷链物流行业需要采取一系列措施来加强技术应用和人才培养。首先，企业可以加强与高校、科研机构的合作，共同研发适用于冷链物流领域的新技术，并推动技术的普及和应用；其次，企业可以加大对员工的培训力度，提升员工的技能水平和综合素质；最后，政府和社会各界也应给予冷链物流行业更多的关注和支持，为行业提供必要的人才培养和政策扶持。

冷链物流行业要想在激烈的市场竞争中立于不败之地，就必须高度重视技术应用和人才培养这两大核心要素。通过不断的技术创新和人才培养，冷链物流行业将能够不断提升集货效率和服务质量水平，为社会的可持续发展做出更大的贡献。

6.2.3.2　政策支持与行业标准缺失的问题

冷链物流集货模式的创新与发展，离不开政策的有力支持与行业标准的规范引导。然而，当前冷链物流领域在政策支持与行业标准方面仍存在明显的缺失，这在一定程度上制约了冷链物流集货模式的创新步伐。

从政策层面来看，尽管近年来国家出台了一系列支持冷链物流发展的政策措施，但在具体针对集货模式的创新方面，政策扶持力度仍显不足。例如，对冷链物流集货过程中的智能化技术应用、路径优化等方面的资金支持、税收优惠等具体政策尚未明确，导致企业在创新过程中面临资金短缺、风险较高等问题。从行业标准层面来看，冷链物流集货模式的创新缺乏统一、规范的行业标准指导。由于缺乏明确的行业标准，企业在冷链物流集货过程中往往各自为政，难以形成统一的行业规范。这不仅增加了冷链物流企业的运营成本，也影响了冷链物流的整体效率和质量。例如，在冷链物流集货过程中，由于缺乏统一的包装、标识和运输标准，导致货物在运输过程中容易出现损坏、丢失等问题，给企业带来不必要的损失。

针对政策支持与行业标准缺失的问题，我们需要从多个方面进行解决。政府应加大对冷链物流集货模式创新的政策支持力度，制定具体的政策措施，鼓励物流企业加大技术创新和研发投入。同时，政府还应加强行业监管，推动行业标准的制定和实施，为冷链物流集货模式的创新提供有力保障。

6.2.3.3 对策与建议：加强技术研发与人才培养、完善政策与标准体系

针对冷链物流集货模式创新面临的挑战，加强技术研发与人才培养显得尤为重要。当前，冷链物流行业正迎来智能化、自动化的新浪潮，而技术的突破与创新是推动冷链物流行业发展的关键。以"百色一号"冷链物流公司为例，该公司通过引入先进的物联网技术和大数据分析，实现了对冷链物流全过程的精准监控和智能调度，不仅提高了集货效率，还降低了运营成本。这一成功案例充分证明了技术研发在冷链物流集货模式创新中的重要作用。

物流人才培养也是冷链物流集货模式创新不可缺少的环节。冷链物流行业需要具备专业知识和专业技能的人才来支撑其持续发展。因此，加强冷链物流人才的培养和引进，对推动冷链物流集货模式创新具有重要意义。政府、企业和社会应共同努力，建立完善冷链物流人才培养体系，通过举办培训班、开展校企合作等方式，培养更多具备专业技能和创新精神的人才，为冷链物流行业的发展提供有力的人才保障。

完善政策与标准体系也是推动冷链物流集货模式创新的重要保障。政府应加大对冷链物流行业的支持力度，制定相关政策和标准，为冷链物流集货模式的创新提供有力保障。政府应出台针对冷链物流行业的税收优惠政策，鼓励企业加大技术研发投入；建立冷链物流行业的标准体系，规范冷链物流行业行为，提高冷链物流的服务质量和效率。通过政策与标准的双重保障，冷链物流集货模式创新将更具可行性和可持续性。

6.3　冷链物流集货模式对乡村振兴战略的影响

冷链物流集货模式，作为一种高效的物流运作方式，其核心在于通过集中化、标准化的冷链管理，确保农产品在运输过程中的新鲜度和质量水平。其特点在于高度的专业化、组织化和规模化，通过整合分散的农产品资源，实现规模化和集约化经营。在乡村振兴战略中，冷链物流集货模式发挥着举足轻重的作用。

冷链物流集货模式的发展可以提高农产品的流通效率和销售范围，增加农产品的市场竞争力和农民的收入水平，为农业产业化和现代化提供有力支撑条件。通过冷链物流，实现农产品的规模化、标准化生产，提高农产品的质量和安全水平。同时，冷链物流还可以促进农业与二三产业的融合发展，推动农业产业链的延伸和价值链的提升。

6.3.1　冷链物流集货模式在乡村振兴战略中的定位

冷链物流集货模式在乡村振兴战略中扮演着举足轻重的角色。随着国家对乡村振兴战略的推进，冷链物流集货模式作为连接农村与城市、促进农产品流通的关键环节，其定位更加凸显。据统计，通过冷链物流集货模式，百色市农产品损耗率可降低至5%以下，相较于传统物流模式，损耗率降低接近一半。这一显著成效不仅提升了农产品的附加值，也增强了农产品在市场上的竞争力。同时，市政府积极推动冷链物流集货模式，通过建设"百色一号"冷链物流中心，整合了市区及各县的农产品资源，实现了农产品的统一采购、统一储存、统一加工、统一配送等优化模式。这不仅提高了农产品的流通效率，也带动了当地农民的收入增长。据显示，冷链物流集货模式的实施，使农户人均收入增长了20%以上。

冷链物流集货模式也将促进农村产业结构的优化升级。通过冷链物流集货，农产品可以更加便捷地进入市场，实现产销对接，更好地满足市场需求，推动农村一二三产业的融合发展。此外，冷链物流集货模式还可以带动农村相关产业的发展，如冷链设备制造、冷链物流服务、农产品流通加工和包装等，形成了完整的产业链，为乡村振兴注入了新的动力。

冷链物流集货模式在乡村振兴战略中的定位，不仅关乎农产品的流通与增值，更关乎农村经济的整体发展与农民生活水平的提升。因此，需要政府职能部门进一步加大力度对冷链物流集货模式的支持与帮助，推动冷链物流集货模式在乡村振兴战略中发挥更大作用。

6.3.2 冷链物流集货模式对乡村振兴的积极影响

6.3.2.1 提升农产品附加值与市场竞争力

第一，冷链物流集货模式提升农产品附加值与市场竞争力。通过冷链物流集货，保持农产品的新鲜度和品质，促进品牌化建设以及优化产业链整合，从而满足消费者对高品质农产品的需求。以百色地区的芒果为例，采用冷链物流集货模式后，芒果在运输过程中的损耗率降低了20%以上，同时保鲜期延长了4天左右，使芒果在市场上的售价提高了25%左右。冷链物流集货模式为乡村振兴战略的实施提供了有力支持，增加了农民的收入，提升了农产品的市场竞争力。

第二，冷链物流集货模式促进了农产品的品牌化建设。通过统一的包装、标识和质量标准，农产品在市场上更具辨识度，从而提高了消费者的购买意愿。例如，百色地区乐业县的地理标志农产品乐业猕猴桃通过冷链物流集货模式，成功打造了"富含维生素C、多种氨基酸和微量元素，果肉细嫩、香气浓郁、甜度极高"的品牌形象，不仅在国内市场受到欢迎，还成功出口到海外市场，实现了农产品的国际化。

第三，冷链物流集货模式有助于农产品产业链的整合和优化。通过整合生产、加工、运输和销售等环节，实现产业链的协同发展，提高农产品的整体效益。例如，百色地区的农业合作社采用冷链物流集货模式，将分散的农产品资源进行整合，统一进行集货、运输、配送和流通加工，降低了冷链物流成本，提高了流通效率。同时，冷链物流集货模式为当地农民提供了更多的就业机会和收入来源。

6.3.2.2　促进农村产业结构优化升级

第一，冷链物流集货模式促进了农村产业结构优化升级，推动了农村产业链的整合与协同发展。传统的农村产业结构往往较为分散，缺乏统一的管理和协调，通过引入先进的冷链物流技术和管理理念，使农产品从生产到销售的各个环节得以紧密衔接，形成了完整的产业链。这不仅提高了农产品的生产效率，还降低了运营成本，使农村产业更具竞争力。同时，冷链物流集货模式还促进了农村与其他产业的融合发展，如农业与旅游业的结合，为农村经济发展注入了新的活力。

第二，冷链物流集货模式有助于推动农村产业的绿色可持续发展。通过优化物流路径和减少运输损耗，冷链物流集货模式降低了能源消耗和环境污染。同时，该模式还促进了农产品的标准化和质量控制，提高了农产品的品质和安全性，满足了消费者对健康、环保、新鲜农产品的需求。正如著名经济学家约瑟夫·斯蒂格利茨所言："可持续发展是经济增长的必由之路。"冷链物流集货模式正是推动农村产业经济走向可持续发展的有效途径。

6.3.3　冷链物流集货模式的创新与发展趋势

6.3.3.1　技术创新在冷链物流集货中的应用

在冷链物流集货模式中，技术创新的应用正日益成为推动行业发展的关键力量。《中华人民共和国国民经济和社会发展第十四个五年规划和2035年远景目标纲要》重视以数字技术（大数据、云计算、物联网、区块链、人工智能）为代表的数字化发展与应用，为冷链物流集货带来了前所未有的变革。一是物联网技术通过在冷链物流各环节部署传感器和智能设备，实现了对温度、湿度等关键参数的实时监控和预警，大大提高了冷链物流的效率和安全性。二是大数据技术的应用为冷链物流集货带来了精准决策的依据。通过对海量数据的收集、分析和挖掘，企业能够更准确地把握市场需求、优化库存管理和运输路线，降低运营成本。三是人工智能技术在冷链物流集货中的广泛应用。通过机器学习算法和深度学习技术，企业可以实现对冷链物流过程的智能调度和优化。例如，利用人工智能算法对运输车辆进行智能调度，可以确保车辆在最短时间内完成配送任务，同时降低运输成本。

技术创新在冷链物流集货中的应用不仅提升了行业的效率和安全性，也为乡村振兴战略的实施提供了有力支持。通过引入先进技术，冷链物流能够更好地服务农村地区的农产品生产和销售，促进农村经济的发展和农民收入的增加。同时，技术创新有助于推动冷链物流行业的转型升级和可持续发展，为乡村振兴战略的长远发展奠定坚实基础。

6.3.3.2 冷链物流集货模式的未来发展趋势

冷链物流集货模式的未来发展趋势呈现多元化、智能化和绿色化的特点。随着物联网、大数据、人工智能等技术的快速发展，冷链物流集货模式将更加注重智能化技术的应用。例如，通过物联网技术实现对冷链物流全过程的实时监控和追溯，确保农产品从田间到餐桌的全程安全可控。同时，大数据分析将帮助冷链物流集货模式实现精准预测和决策，提高物流效率和降低运营成本。此外，冷链物流集货模式还将更加注重绿色化发展，通过采用节能环保的冷链设备和技术，减少对环境的影响，实现可持续发展。

以百色地区的冷链物流集货中心——"百色一号"为例，"百色一号"通过引入先进的智能化设备和技术，实现了对冷链物流全过程的自动化和智能化管理。通过物联网技术，该中心能够实时监控农产品的温度、湿度等关键参数，确保农产品在运输和储存过程中的品质和安全。同时，"百色一号"还利用大数据分析对农产品的销售数据进行挖掘和分析，为农民提供更加精准的种植和销售建议，促进了农产品的市场化和产业化发展。这一案例充分展示了冷链物流集货模式在智能化和绿色化方面的巨大潜力。

未来，冷链物流集货模式将更加注重与其他物流领域的深度融合。通过与快递、电商、城市配送、生鲜优选等物流领域的进一步合作，冷链物流集货模式将实现资源共享和优势互补，提高整体物流效率。同时，冷链物流集货模式将更加注重跨国合作、海外市场的拓展，以满足全球消费者对高品质、安全、便捷的冷链物流服务的需求，有助于推动冷链物流集货模式的国际化发展，提升我国在全球冷链物流领域的竞争力和影响力。

第7章 总结与展望

在乡村振兴战略的大背景下，农产品冷链物流作为现代农业流通体系的重要组成部分，对提高农产品流通效率、保障农产品品质、促进农业产业升级具有举足轻重的作用。本书基于这样的背景，旨在深入探讨农产品冷链物流集货模式的内涵、驱动因素、构建方法及其与乡村振兴战略的互动关系，以期为农业产业的可持续发展提供理论支持和实践指导。

7.1 总结与结论

在乡村振兴战略的大背景下，农产品冷链物流不仅关乎农业产业的现代化升级，更是推动农村经济发展的关键一环。本书首先梳理了我国乡村振兴战略的提出背景、乡村战略的内涵，介绍了农产品冷链物流的基本概念、特点与模式，进一步分析了乡村振兴战略与农产品冷链物流的关系、乡村振兴战略对农产品冷链物流的影响。研究认为农产品冷链物流在乡村振兴中扮演关键角色：冷链物流作为保障农产品品质、延长保质期、提高附加值的重要手段，对推动农业产业升级、促进农民增收具有不可替代的作用。乡村振兴战略的实施为冷链物流的发展提供了新的机遇和挑战，两者相互促进，共同推动农业现代化进程。

通过对我国农产品冷链物流发展的深入分析和国内外冷链物流发展模式的对比，本书揭示了当前存在的问题，如效率低下、成本控制困难、服务质量不高、面临国际化的挑战等。为进一步剖析这些问题，本书以广西农产品冷链物流为研究对象提出了区域农产品冷链物流发展水平的测度方法和区域农产品冷链物流发展的影响因素分析方法。通过构建农产品冷链物流产业的效率评价指标体系，采用秩和比综合评价法及 DEA 模型法对广西壮族自治区农产品冷链物流产业效率进行测度，进而利用障碍度模型研究其影响因素。

　　本书着重关注了农产品冷链物流前端集货的概念与特征。通过对市场需求、供应链协同以及技术创新等关键驱动因素的深入剖析，揭示了不同区域农产品冷链物流集货模式形成的内在机理和影响因素。在实践中，不同区域根据自身的资源禀赋、市场条件以及发展策略，发展出了各具特色的集货模式。例如，一些地区通过建立紧密的供应链协同机制，实现了农产品的高效集货和快速分销；另一些地区通过技术创新，如物联网、大数据等先进技术的应用，进一步提升了冷链物流的智能化和自动化水平。这些模式在不断适应快速变化的市场需求过程中得到了持续优化与完善，形成了丰富多样的实践案例，为其他地区的冷链物流发展提供了有益的借鉴。

　　除了农产品冷链物流前端集货的概念与特征外，本书还深入探讨了区域农产品冷链物流集货模式的构建策略，旨在为这一领域的实践者和研究者提供全面且有益的参考。在具体内容上，不仅涵盖了冷链物流设施布局的优化、集货运输路径模型的构建以及满意度模型的研究等多个关键方面，还通过深入分析和系统整合，形成了一个完整且富有深度的研究框架。

　　在冷链物流效率提升的核心要素方面，本书进行了全面而深入的分析和探讨。结合市场需求的变化趋势对区域生鲜农产品的产量进行有效预测，提出了基于市场需求的冷链物流设施布局优化策略。这一策略不仅充分考虑了冷链物流的供给与需求关系，还着重实现设施布局的合理性和高效性，以确保冷链物流的顺畅运作。同时，为了进一步提高冷链物流的效率，本书还构建了前端集货运输路径的优化模型、基于顾客和集货人员满意度的农产品冷链物流集货优化模型。通过运用先进的数学模型和算法，该模型能够实现农产品冷链物流集货路径的最优化，从而在降低集货运输成本和提高参与者满意度的同时，提高农产品冷链物流的整体效率。

此外，本书还深入分析了冷链物流集货模式与乡村振兴战略之间的互动关系，揭示了两者相互促进、协同发展的内在联系和多重效应。冷链物流集货模式对乡村振兴具有深远的推动作用，它通过提高农产品附加值与农民收入，为乡村经济注入新活力。在传统农产品销售模式中，物流环节的不完善导致农产品新鲜度难以保持，附加值较低。而冷链物流集货模式的引入，有效解决了这一问题，提升了农产品品质和销售价格，进而提高了农民收入水平。同时，该模式还推动了农业产业升级与转型，为农业产业向现代化、标准化转型提供了契机。此外，它优化了农产品流通网络，加强了农产品品牌建设，完善了农村基础设施，并促进了产业融合与多元化发展，这些改善措施不仅提升了农产品的市场竞争力，也为乡村经济的持续发展奠定了坚实基础。另外，乡村振兴战略的实施为冷链物流集货模式的发展提供了良好契机，带来了更大的市场需求，推动了产业升级和转型，扩大了高品质市场供给。

冷链物流集货模式与乡村振兴战略的互动关系显著：冷链物流集货模式不仅推动了乡村振兴战略的实施，提高了农产品附加值和农民收入，还促进了农业产业升级与转型。同时，乡村振兴战略为冷链物流集货模式提供了更大的市场需求和政策支持，推动了其创新与发展。

本书还探讨了冷链物流集货模式与乡村振兴的协同发展路径，需充分考虑市场需求、资源禀赋、技术创新等多重因素的影响，协同发展内容包括冷链物流设施的共建共享、农产品品牌的共同打造、市场信息的互联互通等。通过这些方面的协同发展，可以实现冷链物流集货模式与乡村振兴战略的良性互动和共同发展。

本书对区域农产品冷链物流集货模式的发展前景进行深入探讨，以期揭示这一领域未来的发展趋势和创新方向。随着信息技术的不断发展和应用,提升农产品冷链物流的信息化和自动化服务水平已经成为行业发展的必然趋势。这有助于提高冷链物流的运作效率,降低运营成本,提升农产品的附加值和市场竞争力。同时,农产品冷链物流资源整合和协同效应的日益凸显,也将推动行业向更加规模化、集约化的方向发展。随着社会对环保和可持续发展的日益关注,绿色物流和可持续发展理念也逐渐深入人心,成为冷链物流集货模式创新的重要方向。根据当前冷链物流集货模式的主要特点,区域农产品冷链物流集货模式未来的发展方向主要集中于引入先进的物流技术和管理模式,优化冷链物流网络布局,提高冷链物流的服务质量和效率等。同时,冷链物流集货模式创新面临的挑战也较为突出,如资金投入不足、技术瓶颈、人才短缺等。

在乡村振兴战略中,冷链物流集货模式扮演着重要的角色。它不仅能够提高农产品的附加值和农民收入,推动乡村经济的持续发展,还能够优化农产品流通网络,加强农产品品牌建设,提升农产品的市场竞争力。同时,冷链物流集货模式的创新与发展也将为乡村振兴战略的实施提供有力的支撑和保障。未来,随着信息技术的不断发展和应用,农产品冷链物流集货模式将迎来更加广阔的发展空间和市场机遇。同时,我们也需要关注行业发展中面临的挑战和问题,积极探索创新的思路和方法,推动行业的持续健康发展。相信在各方共同努力下,区域农产品冷链物流集货模式一定能够为乡村振兴和农业现代化做出更大的贡献。

7.2 研究展望

尽管本书在农产品冷链物流前端集货模式研究方面取得了一定成果,但仍有许多领域值得进一步探讨和完善。未来研究可以从以下几个方面展开:

第一，深化理论研究，构建更完善的理论体系。当前对农产品冷链物流前端集货模式的研究仍处于探索阶段，理论体系尚不完善。未来研究应进一步挖掘其内在规律，构建更加系统、全面的理论框架，为实践提供更加坚实的理论支撑。

第二，加强实证研究，验证理论模型的有效性。本书提出的理论模型和路径优化策略仍需通过更多实证研究进行验证。未来研究可以选取更多典型案例，收集更丰富的数据，运用更先进的分析方法，对理论模型的有效性和适用性进行检验。

第三，关注技术创新，推动冷链物流智能化发展。随着物联网、大数据、人工智能等技术的快速发展，冷链物流智能化成为必然趋势。未来研究应关注这些新技术在冷链物流集货模式中的应用潜力，探索其如何提升冷链物流效率、降低成本、提高服务质量。

第四，强化政策研究，为政府决策提供有力支持。政策环境对农产品冷链物流的发展具有重要影响。未来研究应加强对政策的研究力度，特别是不同地区、不同区域对应的农产品冷链物流发展促进政策的差异性，分析不同政策对冷链物流集货模式的影响机制，为政府制定更加科学合理的政策提供有力支持。

第五，推动跨学科合作，拓展研究视野。农产品冷链物流前端集货模式的研究涉及多个学科领域，如经济学、管理学、工程学等。未来研究应积极推动跨学科合作，引入更多领域的知识和方法，拓展研究视野，推动农产品冷链物流研究的深入发展。

参考文献

［1］ Anily S, Federgruen A. Rejoinder to Comments on One – Warehouse Multiple Retailer Systems with Vehicle Routing Costs ［J］. Management Science, 1991, 37 (11): 1497-1499.

［2］ Chen Y H. Intelligent Algorithms for Cold Chain Logistics Distribution Optimization Based on Big Data Cloud Computing Analysis ［J］. Journal of Cloud Computing, 2020, 9 (01): 145-160.

［3］ Clinton S R, Calantone R J. Logistics Strategy: Does It Travel Well? ［J］. Logistics Information Management, 1996, 10 (05): 224-234.

［4］ Combes, François. Equilibrium and Optimal Location of Warehouses in Urban Areas: A Theoretical Analysis with Implications for Urban Logistics ［J］. Transportation Research Record Journal of the Transportation Research Board, 2019 (02): 114-127.

［5］ Couto M C L, Lange, Liséte Celina, Rosa R D A, et al. Planning the Location of Facilities to Implement a Reverse Logistic System of Post-consumer Packaging Using a Location Mathematical Model ［J］. Waste Management & Research, 2017 (12): 1254-1265.

［6］ Drenovac D, Vidovi M, Bjeli N. Optimization and Simulation Approach to Optimal Scheduling of Deteriorating Goods Collection Vehicles Respecting Stochastic Service and Transport Times ［J］. Simulation Modelling

Practice and Theory, 2020（103）：102097.

［7］ Duman G M, Tozanli O, Kongar E, et al. A Holistic Approach for Performance Evaluation Using Quantitative and Qualitative Data：A Food Industry Case Study ［J］. Expert Systems with Applications, 2017, 81（09）：410-422.

［8］ Eilon, Watson-Gandy, C D T. Models for Determining Depot Location ［J］. International Journal of Physical Distribution & Logistics Management, 1971, 1（01）：5-15.

［9］ Frank van der Vorst J G A, Beulens A J M, Wit W D, et al. Supply Chain Management in Food Chains：Improving Performance by Reducing Uncertainty ［J］. International Transactions in Operational Research, 2010, 5（06）：487-499.

［10］ Fu, Pei-hua, Yin, Hong-bo. Logistics Enterprise Evaluation Model Based on Fuzzy Clustering Analysis ［J］. Physics Procedia, 2012, 24（C）：1583-1587.

［11］ Gereffi G, Lee J. Economic and Social Upgrading in Global Value Chains and Industrial Clusters：Why Governance Matters ［J］. Journal of Business Ethics, 2016, 133（01）：25-38.

［12］ Ge X, Ge X, Wang W. A Path-Based Selection Solution Approach for the Low Carbon Vehicle Routing Problem with a Time-Window Constraint ［J］. Applied Sciences, 2020, 10（04）：1489.

［13］ Hosseini S D, Akbarpour Shirazi M, Karimi B. Cross-docking and Milk Run Logistics in a Consolidation Network：A Hybrid of Harmony Search and Simulated Annealing Approach ［J］. Journal of Manufacturing Systems, 2014, 33（04）：567-577.

［14］ Hu J, Gong Y, Chen J. Comprehensive Evaluation Research of the Third-Party Cold Chain Logistics Enterprise ［J］. Operations Research & Fuzziology, 2013, 3（03）：28-33.

［15］J G A J van der Vorst, Beulens A J M, Wit W D, et al. Supply Chain Management in Food Chains: Improving Performance by Reducing Uncertainty ［J］. International Transactions in Operational Research, 2010, 5（06）: 487-499.

［16］Ji Y, Du J, Han X, et al. A Mixed Integer Robust Programming Model for Two-echelon Inventory Routing Problem of Perishable Products ［J］. Physica A: Statistical Mechanics and Its Applications, 2020（548）: 128-135.

［17］Ji Y, Du J, Wu X, et al. Robust Optimization Approach to Two-echelon Agricultural Cold Chain Logistics Considering Carbon Emission and Stochastic Demand ［J］. Environment Development and Sustainability, 2021（03）: 116-125.

［18］Jonkman J, Barbosa-Póvoa, Ana P, Bloemhof J M. Integrating Harvesting Decisions in the Design of Agro-food Supply Chains ［J］. European Journal of Operational Research, 2019（276）: 170-180.

［19］Julian M, Alston, et al. Agriculture in the Global Economy ［J］. The Journal of Economic Perspectives, 2014, 28（01）: 121-146.

［20］Kim K, Kim H, Kim S K, et al. i-RM: An Intelligent Risk Management Framework for Context-aware Ubiquitous Cold Chain Logistics ［J］. Expert Systems with Applications, 2016, 46（03）: 463-473.

［21］Li W, Chen J. Manufacturer's Vertical Integration Strategies in a Three-tier Supply Chain ［J］. Transportation Research Part E Logistics and Transportation Review, 2020（135）: 101884.

［22］Mejjaouli, Sobhi, Babiceanu, et al. Cold Supply Chain Logistics: System Optimization for Real-time Rerouting Transportation Solutions ［J］. Computers in Industry, 2018（02）: 192-202.

［23］Nakandala D, Lau H, Zhang J. Cost-optimization Modelling for Fresh Food Quality and Transportation ［J］. Industrial Management & Data Systems, 2016, 116 (03): 564-583.

[24] Najada H A, Mahgoub I. Anticipation and Alert System of Congestion and Accidents in VANET Using Big Data Analysis for Intelligent Transportation Systems [R]. IEEE, 2017.

[25] Narsimhalu U, Potdar V, Kaur A. A Case Study to Explore Influence of Traceability Factors on Australian Food Supply Chain Performance [J]. Procedia-Social and Behavioral Sciences, 2015 (189): 17-32.

[26] Ozmen M, Aydogan E K. Robust Multi-criteria Decision Making Methodology for Real Life Logistics Center Location Problem [J]. Artificial Intelligence Review: An International Science and Engineering Journal, 2020, 53 (01): 725-751.

[27] Pham T Y, Ma H M, Yeo G T. Application of Fuzzy Delphi TOPSIS to Locate Logistics Centers in Vietnam: The Logisticians' Perspective [J]. The Asian Journal of Shipping and Logistics, 2017, 33 (04): 211-219.

[28] Shang K C, Marlow P B. Logistics Capability and Performance in Taiwan's Major Manufacturing Firms [J]. Transportation Research Part E Logistics & Transportation Review, 2015, 41 (03): 217-234.

[29] Shang Y, Dunson D B, Song J S. Exploiting Big Data in Logistics Risk Assessment via Bayesian Nonparametrics [J]. Social Science Electronic Publishing, 2014 (02): 246-252.

[30] Srimanee Y, Routray J K. The Fruit and Vegetable Marketing Chains in Thailand: Policy Impacts and Implications [J]. International Journal of Retail & Distribution Management, 2012, 40 (09): 656-675.

[31] Stahl V, Ndoye F T, El Jabri M, et al. Safety and Quality Assessment of Ready-to-eat Pork Products in the Cold Chain [J]. Journal of Food Engineering, 2015, 148 (03): 43-52.

[32] Suraraksa, Shin. Urban Transportation Network Design for Fresh Fruit and Vegetables Using GIS-The Case of Bangkok [J]. Applied Sciences,

2019, 9 (23): 5048.

[33] Tsukaguchi H, Nishiwaki K, Suzuki M. Modelling of Dynamic Schedule Options of Collective Truck Movement and Its Application to Goods Collection Rationalization in Commercial Areas [J]. Infrastructure Planning Review, 2003 (20): 665-672.

[34] Ulutaş A, Karakuş C B, Topal A. Location Selection for Logistics Center with Fuzzy SWARA and Cocoso Methods [J]. Journal of Intelligent & Fuzzy Systems, 2020 (02): 1-17.

[35] Verdow, Beulens, Trienekens. Business Modeling in Demand-driven Agri-food Supply Chains [J]. International European Forum, 2010 (02): 307-323.

[36] Zhang T, Chaovalitwongse W A, Zhang Y. Integrated Ant Colony and Tabu Search Approach for Time Dependent Vehicle Routing Problems with Simultaneous Pickup and Delivery [J]. Journal of Combinatorial Optimization, 2014, 28 (01): 288-309.

[37] Zhao X, Wang P, Pal R. The Effects of Agro-food Supply Chain Integration on Product Quality and Financial Performance: Evidence from Chinese Agro-food Processing Business [J]. International Journal of Production Economics, 2020 (02): 107832.

[38] Zhang Y, Li C, Yao S. Spatiotemporal Evolution Characteristics of China's Cold Chain Logistics Resources and Agricultural Product Using Remote Sensing Perspective [J]. European Journal of Remote Sensing, 2020 (04): 1-9.

[39] 白兰. 城市群冷链物流资源整合研究 [D]. 北京: 北京交通大学, 2019.

[40] 宾厚, 李娇, 王欢芳. 乡村振兴战略下县乡村三级农村物流协同发展机制研究 [J]. 信阳师范学院学报 (哲学社会科学版), 2021, 41 (02): 77-83+99.

［41］陈妮．时间窗约束下农产品物流配送路径优化研究［J］．自动化技术与应用，2024，43（02）：17-20+30.

［42］陈伟忠，周春应．中国区域科技金融与技术创新耦合协调度分析［J］．生产力研究，2021（06）：113-118.

［43］崔凯，吕永卫，曾平．基于理想解法和灰色关联度的冷链物流中心选址评价研究［J］．铁道运输与经济，2015（10）：80-85.

［44］丁俊发．发展农产品物流任重道远［J］．中国合作经济，2004（01）：47.

［45］董存梅，陈诗雨．大数据视角下农产品冷链物流建设升级路径研究［J］．粮食科技与经济，2020，45（11）：81-83+125.

［46］葛显龙，张雅婷．基于前摄性调度的生鲜物流集货路径优化［J］．系统工程，2020，38（06）：70-80.

［47］郭京福，杨德礼．数据包络分析方法综述［J］．大连理工大学学报，1998（02）：116-121.

［48］郭明德．农产品冷链物流运营水平及其机制创新研究——基于需求-能力-效率视角［D］．乌鲁木齐：新疆农业大学，2022.

［49］韩佳伟，李佳铖，任青山，等．农产品智慧物流发展研究［J］．中国工程科学，2021，23（04）：30-36.

［50］韩祥民．连云港外贸冷库冷链物流规划研究［D］．南京：南京理工大学，2008.

［51］何妍．基于绿色消费的生鲜农产品冷链物流体系构建研究［J］．农业经济，2018（12）：126-128.

［52］贺盛瑜，杨克建，滕喜华．基于结构方程模型的农产品冷链物流企业运营效果研究［J］．中国西部，2020（03）：1-11.

［53］贺盛瑜，姚源果．农产品冷链物流发展影响因素研究——以四川、广西为例［J］．中国西部，2019（04）：51-60.

［54］贺家慧．乡村振兴背景下贵州省农产品冷链物流高质量发展策略研究［J］．物流科技，2024，47（07）：146-148.

［55］侯祥杰，赵建欣．我国生鲜农产品冷链物流效率评价及空间差异分析［J］．中国储运，2023（03）：137-139．

［56］胡建森．我国生鲜农产品冷链物流发展存在的问题与对策［J］．改革与战略，2017，33（05）：82-84+93．

［57］黄钰婷，施莉，吴永刚．四川省物流业绿色发展的水平测度及影响因素分析［J］．中国储运，2023（07）：71-72．

［58］解煌鸣，孙领，刘伟．基于产地型冷链物流市场的冷库布局规划［J］．保鲜与加工，2017，17（05）：120-128．

［59］计雪伟，霍兴赢，薛端，等．基于神经网络的农作物产量预测方法［J］．南方农机，2022，53（02）：36-38．

［60］李锋，魏莹．易腐货物配送中时变车辆路径问题的优化算法［J］．系统工程学报，2010，25（04）：492-498+519．

［61］李桂娥．冷链物流多层级配送中心连续选址模型构建［J］．计算机仿真，2022，39（04）：423-427．

［62］李海宁，马丽琨，丁军．乡村振兴战略下农业发展新动能问题探讨［J］．中国集体经济，2021（04）：3-4．

［63］李康．冷链物流网络选址—路径—库存多目标优化模型及应用［D］．上海：东华大学，2018．

［64］李军涛，刘明月，刘朋飞．生鲜农产品多车型冷链物流车辆路径优化［J］．中国农业大学学报，2021，26（07）：115-123．

［65］李倩倩．农产品冷链物流效率测度及提升策略研究［D］．淄博：山东理工大学，2020．

［66］李向敏．广西农产品跨境冷链运输发展对策［J］．中国航务周刊，2022（11）：56-58．

［67］李智勇．乡村振兴战略下农产品冷链物流体系构建策略研究［J］．乡村科技，2021，12（35）：37-39．

［68］李尤，董增寿，郑宇佳．考虑客户满意度的生鲜冷链路径优化研究［J］．物流工程与管理，2023，45（06）：13-17+12．

[69] 刘雪，苗成林．黄河流域物流效率测度及其影响因素分析 [J]．黑龙江工业学院学报（综合版），2023（01）：104-112.

[70] 孟小峰，慈祥．大数据管理：概念、技术与挑战 [J]．计算机研究与发展，2013，50（01）：146-169.

[71] 宁泽逵，冯佳．农产品物流利益相关者联盟意向影响因素——基于扎根理论的研究 [J]．商业经济研究，2023（06）：78-82.

[72] 彭露，陈淮莉．改进遗传算法下的无水港集货路径优化研究 [J]．计算机工程与应用，2020，56（14）：250-256.

[73] 裴东慧．粤港澳大湾区城市群物流效率测度及影响因素研究 [J]．商业经济研究，2023（18）：180-183.

[74] 秦小辉，赵晨曦．生鲜农产品冷链物流效率评价研究 [J]．保鲜与加工，2023，23（01）：63-69.

[75] 任娟，司睿．基于乡村振兴的农村电商物流发展研究 [J]．物流科技，2024，47（07）：62-65+77.

[76] 石云．乡村振兴视域下农产品冷链物流发展路径研究 [J]．物流科技，2024，47（02）：153-156.

[77] 石毅刚．农产品流通效率提升的多渠道、大数据模式研究 [J]．商业经济研究，2014（20）：8-9.

[78] 孙上明，谢如鹤，李展旺，杨永颖，陈宝星．生鲜果蔬冷链物流前端集货运输优化 [J]．物流工程与管理，2017，39（09）：55-60+63.

[79] 邵蕴芝，董增寿，袁媛．考虑客户满意度的双目标车辆路径优化 [J]．物流工程与管理，2024，46（05）：76-81.

[80] 史晓艺．基于 DEA 和 SD 的河南省农产品物流效率评价及提升策略研究 [D]．太原：山西大学，2023.

[81] 田玉玲．基于改进布谷鸟搜索算法的冷链物流配送中心选址问题研究 [D]．大连：大连海事大学，2022.

[82] 田炜，廖名岩．考虑客户满意度的双目标冷链配送路径优化研

究［J］. 顺德职业技术学院学报，2023，21（04）：51-56.

［83］王斌，于淑华. 中国农产品流通发展报告（上）［J］. 中国流通经济，2009（02）：14-17.

［84］王波，李倩，王爽，等. 乡村振兴标准体系研究——以山东省为例［J］. 中国标准化，2021（04）：23-32.

［85］王娟娟. 基于电子商务平台的农产品云物流发展［J］. 中国流通经济，2014（11）：37-42.

［86］王家旭. 农产品流通全要素生产率测度的实证研究［J］. 商业经济，2015（09）：40-443.

［87］王诺，王翊萱，田玺环，等. 远海岛礁冷链物流体系优化模型及其集成算法［J］. 中国管理科学，2019，27（10）：100-109.

［88］王绍辉，刘丙午，李俊韬. 基于 AHP 层次分析法的冷库选址决策分析［J］. 安徽农业科学，2014，42（15）：4940-4943.

［89］王秀梅，齐力. 广东省农产品物流发展水平综合评价与政策促进研究［J］. 中国农业资源与区划，2017，38（06）：230-236.

［90］吴翠娥. 大力发展农产品物流配送［J］. 江苏农村经济，2003（10）：26.

［91］吴小玲. 广东省生鲜农产品冷藏库区域布局发展问题研究［D］. 广州：仲恺农业工程学院，2013.

［92］谢培秀. 试论发展中国的农业物流业［J］. 中国流通经济，2003，17（11）：26-29.

［93］谢泗薪，李玉，樊舒琪. 乡村振兴战略下生鲜冷链物流高质量发展路径与策略创新［J］. 物流科技，2022，45（11）：140-145.

［94］谢文培. 城乡融合发展新格局下现代物流产业发展策略研究［J］. 智慧农业导刊，2023，3（13）：120-123+128.

［95］徐进澎. 网络选址中的若干模型和算法研究［D］. 南京：南京航空航天大学，2010.

［96］徐雨，韩雪宁，王妹. 乡村振兴战略下农产品冷链物流发展研

究［J］. 物流工程与管理，2022，44（08）：84-86+77.

［97］薛娟. 基于供应链视角的南京市农产品冷链物流体系优化策略研究［D］. 淄博：山东理工大学，2022.

［98］闫芳，陈凯，邬珂. 多时段可搭载零担物流路径优化问题模型及算法研究［J］. 工业工程与管理，2019，24（06）：64-70+78.

［99］杨扬，袁媛，李杰梅. 基于 HACCP 的生鲜农产品国际冷链物流质量控制体系研究——以云南省蔬菜出口泰国为例［J］. 北京交通大学学报（社会科学版），2016，15（02）：103-108.

［100］尹丽春，贾鹏飞. 改进随机森林的农作物产量短期最优预测仿真［J］. 计算机仿真，2022，39（09）：502-506.

［101］于文领. 城乡融合视域下乡村振兴战略的内涵、现实困境和路径选择［J］. 贵州社会科学，2024（02）：162-168.

［102］原雅坤，陈久梅，但斌. 碳约束下冷链物流效率及其收敛性研究——以生鲜农产品为例［J］. 科技管理研究，2020，40（14）：253-260.

［103］张宝友，达庆利，黄祖庆. 基于 AHP/DEA 模型的上市物流公司效率评价［J］. 工业工程与管理，2008（05）：67-71.

［104］张琰. 生鲜农产品冷链物流风险预警指标体系构建——基于成本约束的背景［J］. 商业经济研究，2019（03）：132-133.

［105］张建喜，赵培英，毕然. 基于大数据技术的农产品物流管理研究［J］. 农机化研究，2022，44（11）：216-220.

［106］张科，戈李. 航空工业区域集货与运输模式研究［J］. 物流工程与管理，2020，42（10）：18-20.

［107］张玲. 互联网+农产品冷链监管体系助力乡村振兴研究——以安徽省为例［J］. 淮南职业技术学院学报，2023，23（04）：134-136.

［108］张景豪. 湖南省生鲜农产品冷链物流效率评价研究［D］. 长沙：湖南工业大学，2020.

［109］张硕. D 公司生鲜农产品配送路径优化研究［D］. 大连：大连

交通大学，2022.

［110］张晓楠，范厚明．混合分散搜索算法求解带容量约束车辆路径问题［J］．控制与决策，2015，30（11）：1937-1944.

［111］张晓茜．京津冀农产品冷链物流效率与安全性研究［D］．天津：天津理工大学，2021.

［112］张学琼．构建以乡村振兴为核心内涵的新发展格局［J］．国有资产管理，2024（03）：40-48.

［113］赵晨曦．生鲜农产品冷链物流产业效率评价及空间演化研究［D］．南宁：广西民族大学，2022.

［114］赵聪聪．考虑多种运输方式的生鲜农产品路径优化研究［D］．大连：大连理工大学，2018.

［115］赵迎华．顺丰速运虎门集散中心二级集货优化方案研究［D］．兰州：兰州大学，2016.

［116］周航．基于 OMI 数据的京津冀地区对流层甲醛时空分布预测及影响因子研究［D］．哈尔滨：哈尔滨师范大学，2022.

［117］周雪欣，罗昊．珠江流域水资源承载力评价及风险识别［J］．人民珠江，2023，44（02）：28-36+69.

［118］朱清清．大数据背景下生鲜农产品物流柔性能力评价研究［D］．武汉：武汉轻工大学，2017.

附录1 广西右江河谷流域冷链物流发展调研报告

一、调查背景及调查目的

（一）调查背景

2021年12月12日，国务院办公厅印发的《"十四五"冷链物流发展规划》中指出，冷链物流是利用温控、保鲜等技术工艺和冷库、冷藏车、冷藏箱等设施设备，确保冷链产品在初加工、储存、运输、流通加工、销售、配送等全过程始终处于规定温度环境下的专业物流。此外，党中央从2004年开始的中央一号文件持续关注了"三农"领域，在2021年中央一号文件指出，重点关注农产品冷链物流领域的问题，提出加快实施农产品仓储保鲜冷链物流设施建设工程，推进田间小型仓储保鲜冷链设施、产地低温直销配送中心、国家骨干冷链物流基地建设。广西作为"南菜北运"最大的示范基地，《广西壮族自治区"南菜北运"专项规划（2015-2025年）》指出，到2025年，冬春蔬菜总产量超过2700万吨，其中外调量超过1500万吨；"南菜北运"冬春蔬菜冷链流通率达到50%以上，冷藏运输率达到60%以上，流通环节产品腐损率降至10%以下。

2013年12月开通运营的百色—北京专列"百色一号"，打通了南北果蔬运输大通道。2017年11月，"百色一号"冷链集装箱参与中欧班列跨境集装箱直通运输班列首发，实现了中欧班列与中新南向互联互通物流通道的无缝对接。近年来，百色市在以统筹推进农村物流高质量发展工作为契机，加快了右江河谷流域县级冷链物流集配中心的建设，按照"1 个县级冷链物流集配中心+N 个产地保鲜仓（地头冷库）+N 个移动冷库"模式，整合冷链物流资源，引导冷链物流经营主体建设具有加工、冷储、冷运等功能的县级冷链物流集配中心，结合已建成的各类冷库，加快补齐产地冷藏保鲜设施短板，采取多种方式合作共建共用末端配送网络，推动冷链物流配送服务网络向乡镇、农村下沉，加快形成了"产地网+冷库+冷链运输+全国大市场"的新格局。截至 2023 年上半年，在右江河谷流域范围内平果市、田东县、田阳区、右江区的每个县（市、区）都建设了具备仓储、分拣、中转、配送等服务功能的县级物流配送中心，农产品产地保鲜仓（地头冷库）78 个，总库容 35.9 万立方米[①]。

（二）调查目的

旨在深入了解广西特别是百色市右江河谷地带——广西"南菜北运"基地的农产品冷链物流的现状、问题和发展趋势，了解农业合作社（农户）、冷链物流企业、行业主管部门对农产品冷链物流的认知、对发展农产品冷链物流的意见和建议，尝试着为冷链物流发展寻找方法，争取发展空间和出路，为提升广西农产品产地冷链物流水平、优化广西"南菜北运"冷链物流前端冷库布局提供决策参考。

二、调查方法

本次针对广西右江河谷流域的农产品冷链物流发展调研采用了多种科学、系统的调查方法，以确保调研结果的全面性和准确性。具体方法如下：

（一）重点调查

针对农产品冷链物流的关键环节和重点企业进行深入调查，了解其在

---

① 百色市供销合作社. 抓好"四个二"构建流通体系 助推百色农产品销售［EB/OL］.（2023-09-25）［2024-6-10］. http：//www. baise. gov. cn/zwgk/jcxxgk/jxzs/t17210756. shtml.

冷链物流过程中的实际操作、技术应用、管理策略及面临的挑战。选择具有代表性的冷链物流节点，如大型农产品批发市场、冷链物流中心等，进行实地考察和数据收集。

（二）现场访谈

与农产品生产商、经销商、冷链物流服务商等相关企业以及行业管理部门进行面对面交流，获取第一手资料和直观感受。访谈对象包括政府部门、冷链物流企业、农业合作社等管理人员和一线人员、农民、消费者，以获取相关利益者的见解和反馈。

（三）问卷调查

设计并发放问卷，覆盖农产品冷链物流发展的各环节，农产品生产、冷藏、运输、销售及管理等。问卷内容涵盖农产品冷链物流影响因素、政府在冷链物流建设的方面的促进措施、农产品滞销的原因、产地冷库、服务质量、市场需求等方面，以收集广泛的数据和意见。

（四）文献研究

收集并分析相关政府部门的政策文件、统计数据、行业报告等，以了解农产品冷链物流的宏观环境和政策背景。查阅国内外关于冷链物流的研究文献，借鉴先进经验和理论成果。

（五）数据分析

对收集到的数据进行整理、分类和统计分析，运用定量和定性相结合的方法，揭示区域农产品冷链物流发展的影响因素、问题及趋势。使用统计软件对数据进行深入挖掘，发现潜在规律和关联，为提出针对性的发展建议提供依据。

三、调查对象及实施

本次调研的对象是冷链物流企业、生鲜农产品加工企业、果蔬生产企业或合作社、政府部门以及行业协会的从业人员和相关利益者。

2023年2~6月，重点走访了广西右江河谷流域的农产品冷链物流企业，对广西百色一号农业发展有限公司、广西田东长江天成农业有限公司、广西果天下食品科技有限公司、田阳六联四通坊果蔬专业合作社等进行了深度考察与访问。2023年6~10月，通过实地发放调查问卷和网络调查方式对广西的农产品生产者、冷链物流行业的从业者和消费者展开调查，收集他们对农产品产地冷链物流发展和农产品冷链物流建设、农产品滞销等热点问题的观点、意见及建议。纸质调查问卷和电子（网络）调查问卷平行发放。

四、数据分析

（一）样本描述

本次调研问卷的渠道主要通过实地调研时发放纸质问卷和线上发放电子问卷，共回收330份（纸质35份、电子295份），其中有效问卷305份，如附表1所示。

附表1　问卷的发放及回收情况　　　　　　　　　单位：份

问卷总发放		回收问卷		有效问卷	
纸质	电子	纸质	电子	纸质	电子
45	—	35	295	34	271
—		330		305	

对问卷数据整理后发现，男性被调查者为139人，占比为45.57%，女性被调查者为166人，占比为54.43%。如附图1所示。

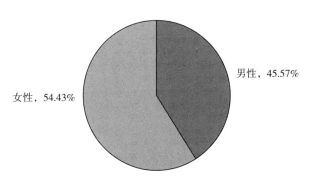

附图1　被调查者性别的比例

在被调查者中，来自政府、事业单位的有 64 人，占总被调查总人数
的 20.984%；来自冷链物流、冷库经营企业的有 89 人，占总被调查总人
数的 29.180%；来自农户或农产品加工企业的有 61 人，占总被调查总人
数的 20.000%；其他的有 91 人，占总被调查人数的 29.836%。如附表
2 所示。

附表 2　被调查者所在单位性质　　　　　　　　　　　单位：%

名称	选项	频数	百分比	累计百分比
单位性质	政府、事业单位	64	20.984	20.984
	冷链物流、冷库经营企业	89	29.180	50.164
	农户或农产品加工企业	61	20.000	70.164
	其他	91	29.836	100.000
合计		305	100.000	100.000

被调查者为企业人员的有 199 人，占总被调查人数的 65.246%。在企
业工作的被调查者中所在企业资产规模为 50 万元以下的人数有 16 人，占
在企业工作被调查者的总人数的 8.040%；在企业工作的被调查者中所在
企业资产规模为 50 万 ~ 100 万元的人数为 53 人，占在企业工作被调查者
的总人数的 26.633%；在企业工作的被调查者中所在企业资产规模为 100
万 ~ 500 万元的人数为 62 人，占在企业工作被调查者的总人数的
31.156%；在企业工作的被调查者中所在企业资产规模为 500 万元以上的
人数为 56 人，占在企业工作被调查者的总人数的 28.141%；不了解自己
所在企业资产规模的人数有 12 人，占在企业工作被调查者的总人数的
6.030%。如附图 2 所示。

在被调查者中，为所在部门（公司）管理者的有 88 人，占总被调查
人数的 28.852%；为在工作单位基层员工的有 112 人，占总被调查人数的
36.721%；为工作单位实习生的有 38 人，占总被调查人数的 12.459%；
其他的有 67 人，占总被调查人数的 21.967%。如附图 3 所示。

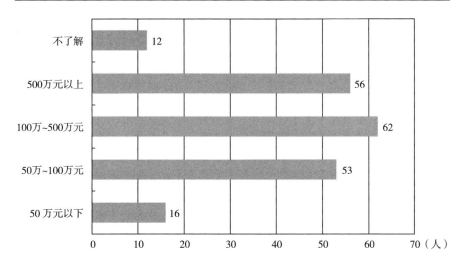

附图 2　被调查者所在企业资产规模

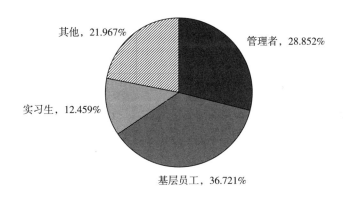

附图 3　被调查者所在部门（企业）职务

　　被调查者学历情况，29 人为中专及以下，占总被调查人数的 9.508%；45 人最高学历为大专，占总被调查人数的 14.754%；199 人最高学历为本科，占总被调查人数的 66.246%；32 人最高学历为硕士及以上，占总被调查人数的 10.492%。被调查者最高学历为本科的居多，超过被被调查者总人数一半。如附表 3 所示。

附表3	被调查者学历情况		单位：%
最高学历	频数	百分比	累计百分比
中专及以下	29	9.508	9.508
大专	45	14.754	24.262
本科	199	66.246	89.508
硕士及以上	32	10.492	100.000
合计	305	100.000	100.000

（二）信度分析

Crombach's α系数是一种常用的信度分析方法，用于评估问卷测量工具的信度。该系数的值介于0~1，值越大表示问卷的信度越高。通常认为，Crombach's α系数（或折半系数）如果在0.9以上，该测验或量表的信度甚佳，0.8~0.9表示信度不错，0.7~0.8表示信度可以接受，0.6~0.7表示信度一般，0.5~0.6表示信度不太理想，如果在0.5以下就要考虑重新编排问卷。对本次调查收集的问卷做信度分析，结果如附图4所示。

输出结果3：信度分析总结图

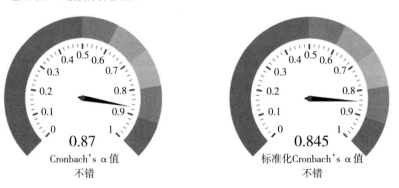

附图4　信度分析总结情况

由附图4可知该问卷Cronbach's α系数值为0.87，说明调查数据的信度较好。

（三）问卷调查数据分析

1. 农产品冷链物流的成本

被调查者认为农产品冷链物流的成本中仓储费用的人数为 56 人，占总被调查人数的 18.361%；认为是运输费用的人数为 175 人，占总被调查人数的 57.377%；认为是损耗成本的有 58 人，占总被调查人数的 19.016%；认为是人工费用的有 5 人，占总被调查人数的 1.639%；回答不清楚的有 11 人，占总被调查人数的 3.607%。如附表 4 所示。

附表4　被调查者认为农产品冷链物流的成本最高环节　　单位：%

名称	选项	频数	百分比	累计百分比
农产品冷链物流的成本最高环节	仓储费用	56	18.361	18.361
	运输费用	175	57.377	75.738
	损耗成本	58	19.016	94.754
	人工费用	5	1.639	96.393
	不清楚	11	3.607	100.000
合计		305	100.000	100.000

为了解来自不同的单位的被调查者对各农产品冷链物流环节成本的认知是否一致，我们对这两个问题的问卷数据进行 Kappa 一致性检验，结果如附表 5 和附表 6 所示。

附表5　被调查者所在单位与物流成本认知交叉表

计数		认为农产品冷链物流成本最高的环节					合计
		仓储费用	运输费用	损耗成本	人工费用	不清楚	
被调查者所在单位性质	政府、事业部门	27	34	3	0	0	64
	冷链物流、冷库经营企业	3	83	1	1	1	89
	农户或农产品生产加工企业	2	29	29	1	0	61
	其他	24	29	25	3	10	91

续表

计数	认为农产品冷链物流成本最高的环节					合计
	仓储费用	运输费用	损耗成本	人工费用	不清楚	
合计	56	175	58	5	11	305

附表 6　一致性检验 Kappa 系数

		值	渐进标准误[a]	近似值 T[b]	近似值 Sig.
一致性度量	Kappa	0.288	0.031	10.324	0.000
有效案例中的 N		305	—	—	—

注：a 表示不假定零假设，b 表示使用渐进标准误假定零假设。

由附表 6 可知，Kappa 系数为 0.288，说明一致性强度一般，即所有被调查者对农产品冷链物流成本最高的环节认知不是很一致，由附表 5 可知，来自于冷链物流、冷库经营企业的被调查者认知较为一致，认为农产品冷链物流成本最高的环节是运输环节。这也说明冷链物流的基本知识普及不足，普通民众对冷链物流的流程、原理、成本构成了解程度不高。

2. 电子商务对农产品冷链物流的影响

被调查者认为电子商务对农产品冷链物流影响的效果中，有 172 人认为电子商务对农产品冷链物流具有巨大推动作用，占总被调查人数的56.393%；有 117 人认为电子商务对农产品冷链物流具有较大推动作用，占总被调查人数的 38.361%；有 14 人认为电子商务对农产品冷链物流的影响一般，占总被调查人数的 4.590%；有 1 人认为电子商务对农产品冷链物流影响缓慢，占总被调查人数的 0.328%；有 1 人认为电子商务对农产品冷链物流无影响作用，占总被调查人数的 0.328%。如附图 5 所示。

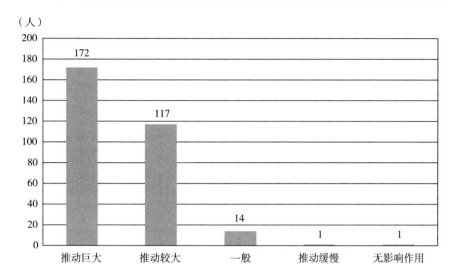

附图5　被调查者认为电子商务对农产品冷链物流的影响

由附图5可知，被调查者认为电子商务对农产品冷链物流影响巨大或较大的有289人，占总被调查人数的94.754%，这说明电子商务对农产品冷链物流的发展影响深远。电子商务通过拓展销售渠道、提高物流效率和降低物流成本，推动了农产品冷链物流的发展。

3. 阻碍农产品冷链物流的主要原因

我们用5项指标来测量被调查者对阻碍农产品冷链物流发展原因的认知与评价，这5项指标是：物流成本高、运输环节复杂、基础设施不足、市场普遍做法（农产品冷链比率较低）、居民对冷链物流了解度不高。调查结果如附表7所示。

附表7　被调查者认为影响冷链物流发展原因的评价

指标名	样本量	最大值	最小值	平均值	标准差	中位数	方差
物流成本高	305	10	2	7.882	1.388	8	1.927
运输环节复杂	305	10	1	7.108	1.409	7	1.985

指标名	样本量	最大值	最小值	平均值	标准差	中位数	方差
基础设施不足	305	10	2	7.236	1.497	7	2.24
市场普遍做法	305	10	2	7.852	1.667	5	2.778
居民了解度不高	305	10	1	5.413	1.857	5	3.447

从附表 7 我们获得如下信息：对于阻碍农产品冷链物流 5 个原因，"物流成本高"和"市场普遍做法（农产品冷链比率较低）"被认为是最重要原因，其次是"运输环节复杂"和"基础设施不足"，而"居民了解度不高"的重要程度最低。同时，我们也知道所有被调查者对 5 个指标的评价较为分散。为进一步考察来自不同行业的被调查者的评价情况，结合被调查者所在单位性质进行一致性检验，如附表 8 所示。

从附表 8 可以看出来，对阻碍农产品冷链物流发展的 5 个原因，虽然来自不同行业的被调查者评价的一致性程度都比较低（Kappa 系数都小于 0.02），但来自冷链物流、冷库经营企业的被调查者对农产品冷链物流发展的难点高度统一，94.38% 的人认为物流成本太高是极其重要的原因，其次是冷链物流基础设施不足和冷链运输环节复杂。

4. 政府在农产品冷链物流建设的引导作用

为调查受访者对政府在农产品冷链物流建设中的引导作用，我们设计了 9 个指标，分别为：①吸引电商平台或零售企业在当地设立冷藏仓库。②扶持合作社，投资冷藏仓库、运输车辆。③设立扶持资金，龙头企业投资冷链仓库、集配中心。④设立企业扶持资金，企业投资冷链运输车辆。⑤加强农产品保鲜知识技能培训。⑥加强冷链物流作业人员培训。⑦推广冷链物流作业技术的应用。⑧突出生鲜农产品冷链物流标准化制度建设。⑨增加生鲜农产品补贴。要求被调查者按重要程度从 1 到 10 打分，结果如附表 9 所示。

附表8　被调查者所在单位与影响农产品冷链物流评价交叉情况

指标	单位性质	1	2	3	4	5	6	7	8	9	10	合计	Kappa系数
物流成本高	政府、事业部门	0	0	0	0	1	3	8	32	19	1	64	0.005
	冷链物流、冷库经营企业	0	0	0	0	0	1	4	5	76	3	89	
	农户或农产品生产加工企业	0	0	0	0	0	2	31	26	0	2	61	
	其他	0	3	2	4	7	15	13	31	9	7	91	
运输环节复杂	政府、事业部门	1	0	0	0	2	1	29	29	1	1	64	0.006
	冷链物流、冷库经营企业	0	0	0	0	3	3	76	5	1	1	89	
	农户或农产品生产加工企业	0	0	0	1	0	1	32	1	24	2	61	
	其他	1	3	2	4	17	18	11	26	2	7	91	
基础设施不足	政府、事业部门	0	1	0	0	5	21	7	5	24	1	64	0.018
	冷链物流、冷库经营企业	0	0	1	0	0	3	48	33	3	1	89	
	农户或农产品生产加工企业	0	0	0	2	0	1	25	29	2	2	61	
	其他	0	0	3	10	16	14	12	5	25	6	91	
市场普遍做法	政府、事业部门	0	1	3	22	28	4	4	1	1	64	—	0.000
	冷链物流、冷库经营企业	0	3	15	60	3	3	2	2	1	89	—	
	农户或农产品生产加工企业	0	0	1	29	4	1	1	24	1	61	—	
	其他	0	4	7	23	30	9	11	1	6	91	—	
居民了解度不高	政府、事业部门	1	0	1	21	10	0	23	5	0	3	64	−0.102
	冷链物流、冷库经营企业	0	0	0	77	1	2	1	4	1	2	89	
	农户或农产品生产加工企业	0	0	0	0	54	2	2	2	0	1	61	
	其他	1	3	3	4	37	11	9	6	4	13	91	

附表9　被调查者认为政府对农产品冷链物流建设采取措施的重要程度

指标名	样本量	最大值	最小值	平均值	标准差	中位数	方差
吸引电商平台或零售企业在当地设立冷藏仓库	305	10	4	8.590	0.970	9	0.940
扶持合作社，投资冷藏仓库、运输车辆	305	10	3	7.934	1.201	8	1.443
设立扶持资金，龙头企业投资冷链仓库、集配中心	305	10	7	8.580	0.984	8	0.968
设立企业扶持资金，企业投资冷链运输车辆	305	10	4	7.515	1.190	8	1.415
加强农产品保鲜知识技能培训	305	9	1	5.111	1.713	5	2.935
加强冷链物流作业人员培训	305	8	3	4.157	1.518	3	2.304
推广冷链物流作业技术的应用	305	6	1	4.020	1.749	5	3.059
突出生鲜农产品冷链物流标准化制度建设	305	9	4	7.079	1.277	7	1.632
增加生鲜农产品补贴	305	9	4	6.57	1.265	7	1.601

　　附表9展示了被调查者认为政府对农产品冷链物流建设采取措施的重要程度打分的结果，包括样本量、最大值、标准差等统计量等。我们可以发现，该数据标准差在0.97~1.75，样本数据的离散程度较小。进一步对平均分按从高到低排序，吸引电商平台或零售企业在当地设立冷藏仓库（指标1），设立扶持资金，龙头企业投资冷链仓库、集配中心（指标3），扶持合作社，投资冷藏仓库、运输车辆（指标2）排在第一层次，归纳为"引导建设冷链基础设施"；设立企业扶持资金，企业投资冷链运输车辆（指标4），突出生鲜农产品冷链物流标准化制度建设（指标8），增加生鲜农产品补贴（指标9）排在第二层次，归纳为"完善制度建设和补贴措施"；加强农产品保鲜知识技能培训（指标5），加强冷链物流作业人员培训（指标6），推广冷链物流作业技术的应用（指标7）排在第三层次，归纳为"加强冷链技术推广和人才储备"。对政府在农产品冷链物流建设的引导作用综合评价如附图6所示。

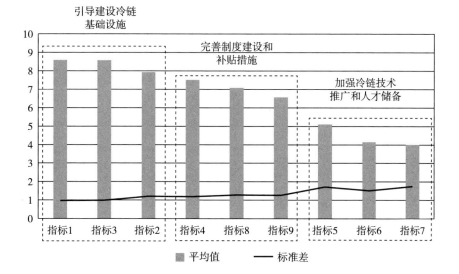

附图 6 被调查者对政府在农产品冷链物流建设的引导作用评价

5. 农产品滞销的影响因素分析

为了解被调查者对导致农产品滞销产生的原因的看法。我们在问卷中设计了 8 个分析指标（原因），要求被调查者对这个 8 指标（原因）导致农产品滞销的重要程度从 1（最不重要）到 10（最重要）打分。8 个分析指标及评分结果如附表 10 所示。

附表 10 农产品滞销的影响因素分析指标及评分结果

变量名	样本量	最大值	最小值	平均值	标准差	方差
指标 1：冷库设施不足	305	10	1	7.85	1.494	2.231
指标 2：冷链运输成本高	305	10	1	7.69	1.488	2.215
指标 3：易腐、不易储存	305	10	1	7.26	1.708	2.916
指标 4：冷链交通条件差	305	10	1	6.53	1.721	2.961
指标 5：产销信息不对称	305	10	1	8.29	1.918	3.678
指标 6：丰收，产量急增，价格下跌	305	10	1	8.67	1.810	3.276
指标 7：集中上市	305	10	1	8.07	1.982	3.929
指标 8：天气原因影响	305	10	1	6.94	1.788	3.197

为进一步分析农产品滞销的影响因素，首先建立这 8 个指标（变量）之间的相关矩阵，如附表 11 所示，从附表 11 中可看出各指标间相关程度较高。

附表 11　农产品滞销的影响因素分析指标相关矩阵

	指标 1	指标 2	指标 3	指标 4	指标 5	指标 6	指标 7	指标 8
指标 1	1.000	0.692	0.600	0.473	0.538	0.607	0.390	0.230
指标 2	0.692	1.000	0.570	0.527	0.432	0.448	0.211	0.171
指标 3	0.600	0.570	1.000	0.746	0.204	0.267	0.082	0.153
指标 4	0.473	0.527	0.746	1.000	0.153	0.212	0.000	0.187
指标 5	0.538	0.432	0.204	0.153	1.000	0.751	0.496	0.153
指标 6	0.607	0.448	0.267	0.212	0.751	1.000	0.548	0.386
指标 7	0.390	0.211	0.082	0.000	0.496	0.548	1.000	0.644
指标 8	0.230	0.171	0.153	0.187	0.153	0.386	0.644	1.000

　　再对变量进行 KMO 取样适当因子分析及巴特利特球形度检验，结果如附表 12 所示。

附表 12　KMO 和 Bartlett 的球形度检验

取样足够度的 Kaiser-Meyer-Olkin 度量		0.724
Bartlett 的球形度检验	近似卡方	1389.602
	df	28
	Sig.	0.000

　　从附表 12 可看到，检验结果显示 KMO 值为 0.724，Bartlett 的球形度检验的卡方值为 1389.602（自由度为 28），达到显著水平（$p = 0.000 < 0.001$），说明数据适合做因子分析。

　　继续求各变量相关系数矩阵的特征值，即整体解释的总方法，如附表 13 所示。

附表 13　农产品滞销的影响因素解释的总方差

成分	初始特征值			提取平方和载入			旋转平方和载入		
	合计	方差的贡献率（%）	累计方差贡献率（%）	合计	方差的贡献率（%）	累计方差贡献率（%）	合计	方差的贡献率（%）	累计方差贡献率（%）
1	3.802	47.527	47.527	3.802	47.527	47.527	2.533	31.665	31.665
2	1.738	21.721	69.248	1.738	21.721	69.248	2.392	29.895	61.560
3	1.019	12.734	81.982	1.019	12.734	81.982	1.634	20.421	81.982
4	0.440	5.506	87.488	—	—	—	—	—	—
5	0.347	4.338	91.826	—	—	—	—	—	—
6	0.284	3.553	95.379	—	—	—	—	—	—
7	0.210	2.621	98.000	—	—	—	—	—	—
8	0.160	2.000	100.00	—	—	—	—	—	—

注：提取方法为主成分分析法。

　　由附表 13 可知，以特征值大于 1 的标准选取共同因子的原则，从 8 个变量中选取 3 个主成分因子，这 3 个主成分因子共可解释全部方差的 81.982%，即前 3 个主成分已经包含了所有变量信息的 81.982%。取前 3 个特征值计算相应的特征向量、求相关矩阵的特征向量，再将各因子轴用最大方差法加以旋转，得到 3 个主成分旋转的成分矩阵如附表 14 所示。

附表 14　旋转成分矩阵

	成分		
	1	2	3
指标 1	0.610	0.623	0.131
指标 2	0.688	0.481	0.010
指标 3	0.903	0.108	0.052
指标 4	0.901	-0.008	0.073
指标 5	0.082	0.916	0.087
指标 6	0.170	0.825	0.321
指标 7	-0.052	0.488	0.774
指标 8	0.147	0.041	0.948

注：①提取方法：主成分分析法。②旋转法：具有 Kaiser 标准化的正交旋转法。③旋转在 5 次迭代后收敛。

附表 14 中阴影部分为因子载荷是绝对值大于 0.5 的为高载荷变量。由此，根据被调查者观点，农产品滞销的影响因素主成分分析结果如附表 15 所示。

附表 15　农产品滞销影响因素主成分分析结果

因子	因子命名	高载荷变量	因子载荷量	特征值	解释方差量（%）
因素一	冷链设施不足及农产品易腐特性	指标 1：冷库设施不足	0.610	3.802	47.527
		指标 2：冷链运输成本高	0.688		
		指标 3：易腐、不易储存	0.903		
		指标 4：冷链交通条件差	0.901		
因素二	产销信息不对称	指标 1：冷库设施不足	0.623	1.738	21.721
		指标 5：产销信息不对称	0.916		
		指标 6：丰收，产量急增，价格下跌	0.825		
因素三	气候影响	指标 7：集中上市	0.774	1.019	12.734
		指标 8：天气原因影响	0.948		

由附表 15 可知，依据调查结果，影响农产品滞销的主要因素一是由"冷库设施不足""冷链运输成本高""易腐、不易储存""冷链交通条件差"4 个较高的指标所构成，其因子载荷时在 0.610~0.903，特征值为 3.802，可解释方差量是 47.527%。综合这几个指标，将因素一命名为"冷链设施不足及农产品易腐特性"。

影响农产品滞销的主要因素二是由"冷库设施不足""产销信息不对称""丰收，产量急增，价格下跌"3 个相关程度较高的指标所构成，其因子载荷时在 0.623~0.916，特征值为 1.738，可解释方差量是 21.721%。综合这几个指标，将因素二命名为"产销信息不对称"。

影响农产品滞销的主要因素三是由"集中上市""天气原因影响"2 个相关程度较高的指标所构成，其因子载荷时在 0.774~0.948，特征值为 1.019，可解释方差量是 12.734%。综合这两个指标，将因素三命名为

"气候影响"。

所以,依据调查结果,农产品滞销影响因素的结构关系可表示为:

$$Inf = 47.527F_1 + 21.721F_2 + 12.734F_3 + \varepsilon \qquad (1)$$

其中,Inf表示农产品滞销影响因素,F_1表示冷链设施不足及农产品易腐特性,F_2表示产销信息不对称,F_3表示气候影响,ε表示误差项。

五、农产品冷链物流发展困境

(一)农产品冷链流通率低,专业人才紧缺

广西右江河谷流域农产品冷链物流企业的企业性质以民营为主,虽然大部分为中小型企业,创收能力不强,市场竞争能力相对较弱,但也不乏发展较好的典型代表企业。然而,农产品冷链物流所带来的营业收入在企业整体的收入体系中占比仍然较低,其主要原因是农产品冷链流通率低、人均冷库容量低、冷库利用率不高。与此同时,市场人才、物流信息技术人才、食品冷藏保鲜技术人才和综合型人才紧缺。随着农产品冷链物流体系的不断完善,相关技术普及以及国家政策的支持,企业越来越重视提高冷库利用率和人才的吸引,加大对人才培养的投入与力度,农产品冷链物流在企业的收入占比会不断上升,农产品冷链物流有望成为企业业务的中坚力量。

(二)企业信息化建设投入低,仓储损失率高

目前,据统计百色全市共有中大型冷库61个,库容80万立方米,55家冷链物流企业(绝大部分集中于右江河谷流域),其中政府、事业部门占比为34.78%,冷链物流、冷库经营企业占比为20.28%,农户或农产品生产加工企业占比为11.60%,其他占比为33.34%。其中大多数农产品冷链物流企业对自身信息化基础设施建设投入较少,农产品冷链物流企业仓储损失率普遍较高,使企业在存储这一环节中增加了成本,降低了企业的利润,当前农产品流通中损腐率严重,显著落后于其他冷链物流较为发达的地区。除了农产品过低的冷链流通率是造成这一结果的主要原因外,农产品冷链物流企业自身信息化能力不足、供应链及物流作业效率较

低也是另一个重要原因。

（三）冷链物流设施不足，企业发展困难

参与调研的冷链物流企业认为确保产品质量和按时送达是影响冷链物流配送最重要的因素。而市场上专业的农产品冷链物流服务商匮乏，普遍规模较小，服务功能较为单一，缺乏专业的农产品冷链物流服务，保鲜技术不够先进、设施设备不够完善以及市场需求不够旺盛，导致了企业物流管理不够科学和信息平台建设不够完善，缺乏信息化管理系统，信息传递不及时、不准确，不利于农产品的品质控制和风险防范等问题。虽然广西的冷库容量和冷藏车数量近年来呈现增长趋势，同时农产品冷链物流基础设施也在逐步完善，但相较于需求仍有差距，特别是在农村地区，冷链物流设施的不足仍然明显，农产品冷链物流信息化水平依然较低。虽然广西出台了一系列支持农产品冷链物流发展的政策，但政策支持力度不够，在实际执行和落地方面仍存在诸多问题，需要进一步完善和加强。

（四）冷链设施专项补助政策不灵活，建设用地指标紧缺

虽然近年来有不少农产品仓储保鲜冷链设施建设项目补助资金下达，但这些专项补助不够灵活，全区统一补助政策、统一验收标准。但事实上，在调研中我们发现在一些农产品集中产区，特别是右江河谷流域一带，土地成片集中且肥沃，农产品产量高，地头冷库需求很强烈，但由于处于基本农田保护红线范围内，无法取得建设用地指标。而这些补助资金往往对用途限定较严格，例如，仓储保鲜冷链设施补助资金只能用冷库等固定设施，不能用移动冷库和冷藏车等灵活性更高的冷链物流设备，使有些地方为了专项资金使用绩效考评需要，急于完成专项资金支出任务而使不少冷库建设在远离农产品高产田的"遥远"的地方，形成事实上的空置与浪费。

六、对策与建议

（一）加大基础设施投入

在推动农产品冷链物流体系全面升级的过程中，加大基础设施投入是

奠定坚实基础的关键步骤。这一战略的实施，不仅关乎农产品保鲜保质、减少损耗的实际需求，更是促进农业现代化、提升农村经济发展水平的重要一环。具体而言，该策略应围绕政府引导与市场化运作的有机结合以及构建多元化投入机制两大核心要点展开。

首先，政府引导与市场化运作的深度融合是实现基础设施快速扩容与高效运营的关键。政府在此过程中的角色至关重要，它需通过制定长远规划、出台扶持政策、提供财政补贴等手段，为冷链物流基础设施的建设营造良好的政策环境。这包括明确冷链物流网络布局、设定冷库与冷藏车建设标准、优化土地使用政策等，以引导社会资本向冷链物流领域有序流动。同时，政府应充分尊重市场规律，鼓励企业根据市场需求灵活调整经营策略，实现资源的优化配置。在此基础上，政府与企业应建立紧密的合作机制，共同推进冷链物流项目的规划、建设与运营，形成政府引导、市场主导、企业参与的良性发展格局。

其次，建立多元化的投入机制是确保冷链物流基础设施建设资金充足、可持续发展的重要途径。传统上，基础设施建设多依赖于政府单一投资，但这往往难以满足快速扩张的市场需求。因此，必须打破这一局限，构建包括政府、企业、社会在内的多元化投入体系。政府应继续发挥财政资金的杠杆作用，通过设立专项基金、提供贷款贴息等方式，吸引社会资本积极参与。同时，鼓励金融机构加大对冷链物流企业的信贷支持，创新金融产品和服务，满足企业多样化的融资需求。此外，还应积极探索股权合作、PPP（政府和社会资本合作）等新型投融资模式，吸引更多社会资本参与到冷链物流基础设施的建设和运营中来。这样，既能有效缓解政府财政压力，又能充分发挥市场在资源配置中的决定性作用，推动冷链物流基础设施建设的持续健康发展。

（二）培育专业冷链物流企业

政府层面应该鼓励和支持大型物流企业向农产品冷链物流领域进行业务延伸。这些大型企业已经具备了成熟的物流网络和丰富的管理经验，这是农产品冷链物流领域所急需的资源。通过政策引导和财政支持，可以激励这些企业将其先进的物流理念和技术应用到农产品冷链物流中，从而提升整个行业的专业化水平。这不仅能够提高农产品的流通效率，还能在一定程度上降低损耗，为农民和消费者带来更多的实惠。

（三）重视冷链物流人才的培养

当前，广西农产品冷链物流领域面临着专业人才匮乏的问题，这在一定程度上制约了行业的发展。因此，我们需要通过系统的培训、实践以及行业示范来提升从业人员的专业技能和服务意识。具体来说，可以组织定期培训，邀请行业专家和学者进行授课，同时结合实际案例进行分析和讲解。此外，还可以建立行业示范点，让从业人员能够直观地了解和学习到先进的冷链物流技术和管理方法。通过这些措施，我们可以逐步培养出一批既具备专业知识，又有实践经验的专业人才，为广西农产品冷链物流的持续发展提供有力的人才保障。

（四）加强冷链物流行业规范化、标准化和信息化建设

在推动冷链物流专业化发展的同时，我们还应关注行业的规范化和标准化建设。这包括制定和完善冷链物流的操作规范、服务标准以及质量安全体系等。通过这些措施，我们可以进一步提高广西农产品冷链物流的整体水平，为农民和消费者提供更加安全、高效的服务，推动农业产业的持续健康发展。这不仅有利于提升广西农产品的市场竞争力，还能为农民带来更多的经济收益，助力乡村振兴。

加强信息基础设施建设，推动农产品的生产、流通和销售各环节的信息共享和整合，建立农产品冷链物流信息平台，提升冷链物流的信息化水平。鼓励企业建设和完善信息化管理系统，实现信息的及时、准确传递，提高物流作业效率和产品质量控制水平。

（五）加强政策支持与扶持的灵活性

政府应进一步加大对农产品冷链物流企业的扶持力度。这包括但不限于提供税收优惠、低息贷款以及专项资金支持等措施，以减轻企业的财务压力，鼓励其投入更多的资源进行创新和发展。在此基础上，政府还需制定灵活的资金补助政策。目前，资金补助主要集中在冷库建设上，但这显

然不足以覆盖冷链物流的全链条需求。因此，拓宽补助范围成为当务之急，应将包括移动冷库、冷藏车在内的多种冷链物流设备纳入补助体系，从而更全面地提升冷链物流的硬件设施水平。

与此同时，实施差异化的补贴标准也是关键。冷链物流设施类型多样，规模和效益也各不相同，为了更有效地激励企业，政府应根据项目的技术创新性、节能减排效果等因素，制定差异化的补贴政策。对那些在技术创新和环保方面表现突出的项目，应给予更高的补贴，以此促进整个行业的转型升级。

政策执行的便捷性同样重要。政府应着力优化资金补助的申请和审批流程，减少繁琐的材料提交和审批环节。通过加强信息公开和透明度建设，让企业能够更清晰地了解政策内容和申请流程，从而提高政策的有效性和企业的参与度。

（六）强化用地指标保障

要将冷链物流设施用地纳入土地利用总体规划，优先保障其用地需求，对符合规划要求的项目优先安排用地指标。同时推动土地集约利用，鼓励企业采用先进的物流技术和设备，提高土地利用率和冷链物流设施的运营效率。建立跨部门的用地协调机制，加强国土、规划、环保等部门之间的沟通与协作，及时解决冷链物流项目用地中遇到的问题和困难。

附录 2　农产品冷链物流调查问卷

　　您好！非常感谢您抽出宝贵时间参与此次问卷调查。本问卷仅用于学术研究分析目的，问卷中无需填写回答者的姓名，您所提供的资料亦不对外公开。问卷中的问题都无所谓对错，您只管按照您的真实想法回答，您的协助将会使本研究更具价值。回答问卷约需 15 分钟，再次谢谢您的帮助！

1. 您的性别

□1. 男　　　　　　　　　　　□2. 女

2. 您所在单位的性质是

□1. 政府、事业部门　　　　　□2. 冷链物流、冷库经营企业

□3. 农户或农产品生产加工企业　□4. 其他

3. 您所在企业的资产规模（非企业人员不填）

□1. 不了解　　　　　　　　　□2. 50 万元以下

□3. 50 万~100 万元　　　　　□4. 100 万~500 万元

□5. 500 万元及以上

4. 您在部门、公司的职务是

□1. 管理者　　　　　　　　　□2. 基层员工

□3. 实习生　　　　　　　　　□4. 其他

5. 您的最高学历是

□1. 中专及以下　　　　　　　□2. 大专

□3. 本科　　　　　　　　　□4. 硕士及以上

6. 您认为农产品冷链物流的成本最高环节是

□1. 仓储费用　　　　　　　□2. 运输费用

□3. 损耗成本　　　　　　　□4. 人工费用

□5. 不清楚

7. 您认为电子商务对果蔬冷链的影响如何

□1. 推动巨大　　　　　　　□2. 推动较大

□3. 一般　　　　　　　　　□4. 推动缓慢

□5. 无影响作用

8. 您觉得下列哪些原因影响了农产品冷链物流？（最重要的打 10 分，最不重要的打 1 分）

	1	2	3	4	5	6	7	8	9	10
物流成本高	□	□	□	□	□	□	□	□	□	□
运输环节复杂	□	□	□	□	□	□	□	□	□	□
基础设施不足	□	□	□	□	□	□	□	□	□	□
市场普遍做法	□	□	□	□	□	□	□	□	□	□
居民了解度不高	□	□	□	□	□	□	□	□	□	□

9. 您认为在农产品冷链物流建设中，政府应该采取下列哪些措施更为重要（最重要的打 10 分，最不重要的打 1 分）

	1	2	3	4	5	6	7	8	9	10
吸引电商平台或零售企业在当地设立冷藏仓库	□	□	□	□	□	□	□	□	□	□
扶持合作社，投资冷藏仓库、运输车辆	□	□	□	□	□	□	□	□	□	□
设立扶持资金，龙头企业投资冷链仓库、集配中心	□	□	□	□	□	□	□	□	□	□
设立企业扶持资金，企业投资冷链运输车辆	□	□	□	□	□	□	□	□	□	□
加强农产品保鲜知识技能培训	□	□	□	□	□	□	□	□	□	□

续表

	1	2	3	4	5	6	7	8	9	10
加强冷链物流作业人员培训	☐	☐	☐	☐	☐	☐	☐	☐	☐	☐
推广冷链物流作业技术的应用	☐	☐	☐	☐	☐	☐	☐	☐	☐	☐
突出生鲜农产品冷链物流标准化制度建设	☐	☐	☐	☐	☐	☐	☐	☐	☐	☐
增加生鲜农产品补贴	☐	☐	☐	☐	☐	☐	☐	☐	☐	☐

10. 农产品滞销时有发生，您认为下列哪些原因导致农产品滞销，重要程度如何（最重要的打 10 分，最不重要的打 1 分）

	1	2	3	4	5	6	7	8	9	10
冷库设施不足	☐	☐	☐	☐	☐	☐	☐	☐	☐	☐
冷链运输成本高	☐	☐	☐	☐	☐	☐	☐	☐	☐	☐
易腐、不易储存	☐	☐	☐	☐	☐	☐	☐	☐	☐	☐
冷链交通条件差	☐	☐	☐	☐	☐	☐	☐	☐	☐	☐
产销信息不对称	☐	☐	☐	☐	☐	☐	☐	☐	☐	☐
丰收，产量急增，价格下跌	☐	☐	☐	☐	☐	☐	☐	☐	☐	☐
集中上市	☐	☐	☐	☐	☐	☐	☐	☐	☐	☐
天气原因影响	☐	☐	☐	☐	☐	☐	☐	☐	☐	☐

11. 您认为冷链物流对解决农产品滞销问题的重要程度为多少分？（最重要的打 10 分，最不重要的打 1 分）

1	2	3	4	5	6	7	8	9	10
☐	☐	☐	☐	☐	☐	☐	☐	☐	☐

12. 对产地冷库，请对下列说法表示您的看法。

	1 完全同意	2 比较同意	3 说不准	4 不太同意	5 完全不同意
仍然存在冷库资源分布不均匀、人均冷库资源偏低等问题	□	□	□	□	□
冷库市场分布不均匀会造成资源的浪费	□	□	□	□	□
有了政府相关政策支持后，冷库建设会更加完善、合理	□	□	□	□	□
在未来，冷库建设将会更加完善	□	□	□	□	□
冷库耗能较大	□	□	□	□	□
冷库是农户取得定价权，影响市场价格和食品安全的关键	□	□	□	□	□
冷库设施能有效减少损耗，提高农业生产效率	□	□	□	□	□
冷库建设是确保居民生活质量，丰富人们菜篮子的有效保证	□	□	□	□	□

后　记

　　随着本书的完稿，一段贴近"三农"的探究与发现、思索与挑战的研究旅程也暂告一段落。回望这段时光，我们深感农产品冷链物流领域研究的重大价值与深远意义，它不仅关乎国家"三农"问题的核心，更是乡村振兴战略实施中不可或缺的一环。

　　在本书的撰写过程中，我们深刻体会到农产品冷链物流体系的复杂性与多样性。从乡村振兴战略的高度出发，我们不仅看到了冷链物流在促进农产品流通、保障食品安全和提升农业价值链方面的直接作用，更是理解其背后所承载的推动乡村产业升级、促进农民增收、助力乡村全面振兴的历史使命。

　　通过对国内外冷链物流发展模式的系统梳理与对比分析，我们更加坚信，构建符合我国国情的区域农产品冷链物流集货模式，是破解当前发展困境、实现农产品冷链物流高质量发展的关键。我们以广西作为案例深入研究，不仅验证了这一观点，也为我们提供了宝贵的实践经验和启示。

　　在创新构建区域农产品冷链物流集货模式的过程中，我们深切感受到理论与实践相结合的魅力，也同时感觉到自身的诸多不足。从前端集货的内涵界定到驱动因素的剖析，再到设施布局与运输路径优化的探讨，每一步都凝聚着课题组成员对现实问题的深刻洞察与求解智慧。

　　当然，本书的探索只是一个开始。面对乡村振兴战略的深入实施和农产品冷链物流领域的快速发展，我们还有许多未知等待揭示，还有许多难题需要攻克。我们期待着本书能够成为引玉之砖，激发更多学者、从业者乃至社会各界对这一领域的关注与投入，共同推动区域农产品冷链物流集货模式的创新与发展，为乡村振兴的伟大事业贡献力量。

本书的研究和撰写工作由姚源果教授负责组织协调并对书稿进行总体把关。各章的执笔情况如下：第 1 章执笔人为姚源果、周万洋，第 2 章执笔人为韦杨，第 3 章执笔人为姚源果、包芸山，第 4 章执笔人为姚源果、王力锋，第 5 章执笔人为王力锋，第 6 章执笔人为周万洋，第 7 章执笔人为姚源果，调研报告和调查问卷的执笔人为包芸山。

在本书写作过程和课题的研究过程中还得到很多同志的直接帮助：潘卫荣负责收集整理了本书写作需要的所有文献，百色学院统计专业学生劳子悦、朱晟辉负责部分模型的建立与计算，刘付妙红、陈炳兰、唐钊梅、蒙敏凤、吴冰梅参与课题调研并整理了调研数据。课题的研究过程中还得到百色市商务局及百色各县市商务局、农业农村局、供销社的支持与帮助，在此一并谢过。